for a Better Life

人生に役立つ
名言大全

秋月三郎［編］

成美堂出版

はじめに

私たちがこうして生きているのは本当に素晴らしいことですが、もちろん人生は楽しいだけではありません。

人間関係や仕事の困難に幾度となく直面します。

男女、家族、金銭の問題に悩むことも多いものです。

決断に迷い、老病死を悲しみ、逆境に心を折られ、「もっと成長しなければ」ともだえながら生きるのが私たちです。

だからこそ、私たちは名言を求めるのでしょう。

名言は、私たちと同じような壁や、もっと巨大な苦難を乗り越えた数知れない偉人、先人たちの知恵の結晶です。

そこには、人生問題を解決するノウハウがあります。

心に寄り添ってくれる癒やしも得られるでしょう。

常識や思い込みを一変させる気づきもあると思います。

生き方の柱になる哲理もつかめます。

そんなふうに役立つ言葉に出会いたいと私たちは切望しますし、言葉も、必要とする人に見つけられるのを待っているのです。

本書は、人生の糧となる言葉が誰にも必ず見つかるように、古今東西のさまざまな分野の名言を幅広く収集しました。

いずれの言葉も平易で、すぐにあなたをサポートしてくれます。

さらに、言葉のシャワーによって心が洗われ、気持ちが豊かになってきます。

「教養が身につく」「言葉のセンスが磨かれる」「文句なく楽しめる」といった読書の喜びも得られるでしょう。

人間は変化の動物です。

思考や行動、能力が変わり、「できなかったけど今は得意だ」「嫌いだったけど今は大好き」となっていくから、幸福に生きられます。

変化の原動力は努力や運などもありますが、最大の力は言葉です。

努力も言葉に背中を押されてこそですし、言葉で心を調《ととの》えた人が運をつかむのです。

本書であなたは「これだ！」という言葉といくつも出会うでしょう。

それを原動力に進んでください。

道の先には、自己実現を果たした自分がきっと待っています。

秋月三郎

◉目次　人生に役立つ名言大全

第1章

人間関係がよくなる名言

人間関係はなぜこうも難しいのでしょうか。本章には、話す・聞く・ノセるといったコミュニケーションから、対人マナー、信頼づくり、関係悪化の回避と解決まで、さまざまなシーンで役立つ名言がぎっしり並んでいます。ぜひ、自分にとって最高のノウハウを見つけてください。

どのように話すかは、話の内容と同じくらい重要である。

イギリスの政治家、著述家／**チェスターフィールド＊**

人が意見に反対する時は、だいたいその伝え方が気に食わない時である。

ドイツの哲学者／**ニーチェ**

すべての女性には君が彼女を恋しているように話しかけよ。そしてすべての男性には彼が君にうんざりしているように話しかけよ。

イギリスの詩人、劇作家／**オスカー・ワイルド**

始めしんみり、中おかしく、終わり尊く。

日本の格言

最初は静かな語り口でじわっと心をつかむ。次に笑いや面白いエピソードなどで相手の心を全開にさせる。そのうえで、伝えたい核心の言葉を届ける。もともとは仏教の説法術だが、今でも日常会話からプレゼンテーションまで、あらゆるミュニケーションに有用だ。

相手の意見には敬意を払え。決して「あなたは間違っている」と言うな。

アメリカの自己啓発作家／**デール・カーネギー**

＊チェスターフィールドは、息子にジェントルマンの規準を教える多数の手紙を書き、それが死後に『チェスターフィールド伯爵の息子に与える書簡』として出版された。今も世界で愛読されている。

私はどんなことにも
「絶対違う」とは言わない。

アメリカの鉄道会社経営者／**リチャード・M・ブレスラー**＊

物事を断定する奴は
あとで恥をかく。

アメリカ映画『**フォー・ルームス**』

人と話をする時は、
その人自身のことを話題にせよ。
そうすれば、相手は何時間でもこちらの話を聞いてくれる。

イギリスの政治家、作家／**ディズレーリ**

借り物でない自分の言葉で、全力で話せ。
そうすれば初めて
人が聞く耳を持ってくれる。

元首相／**田中角栄**

偉い人と話す時ほど
自分の信念を貫け。

元プロレスラー／**アントニオ猪木**

＊鉄道は人命に関わる事業であり、安全第一が絶対の鉄則だ。そのためブレスラーは、鉄道事業者としてどんな意見でも無視せず、必ず検討するのを信条としていた。

自分が関心を持っていることで
他人を楽しませようとするな。
本人にはおもしろくても、
他人には退屈で、お門《かど》違いなのだ。

イギリスの政治家、著述家／**チェスターフィールド**

相手に自分のことを話すのではなく、
相手に自分のことを語らせろ。
これは誰でも知っていることだが、
誰もが忘れてしまう。

フランスの小説家／**ゴンクール兄弟**

誰でも心の中に最も深く根ざしている願望は、
自分の本当の価値を認めてもらいたい
ということです。他人の価値を認めなさい。
そうすればあなたも認めてもらえます。

アメリカの牧師／**マーフィー**＊

どんなに仲のよい、美しい打ちとけた
関係であっても、阿諛《あゆ》とか賞賛とか
いうものは、車輪の進行に油の必要な
ように、ぜひなくてはならないものである。

ロシアの小説家／**トルストイ**

たとえ相手がつまらない人間でも、
額面通りにこきおろすより、
額面以上にほめるほうが
安全である。
賞賛は非難ほど反発されないし、
少なくとも嫌がられないからだ。

イギリスの科学者／**アイザック・ニュートン**

＊マーフィーは、潜在意識を活用することで成功と幸福を引き寄せる積極思考の提唱者。米国ニューソート（新思考）の源流の１つとなり、日本の自己啓発運動にも大きな影響を与えた。

現実の自分よりも理想の自分を愛しなさい。
そして理想の自分で他人と接するべきです。
これが他人から評価される秘訣です。

アメリカの牧師／**マーフィー**

人からよく思われたいなら、
自分のよいところを
あまりまくし立てないことだ。

フランスの科学者、哲学者／**パスカル**

最も良い説得方法の一つは、
相手に気に入られる
ことである。

フランスの外交官／**フランソワ・カリエール**

自分の主張が正しいかどうかなんて
関係ない。
相手がどう思っているかが
重要なのだ。

ペンシルバニア大学教授／**スチュアート・ダイヤモンド**

感情の集まりが世の中だ。
しからば意見を通そうと思うなら、
まず聞いてやるのが順序だ。

東京電力元社長／**青木均一**＊

＊青木均一は東京毛織、日本陶管をへて品川白煉瓦社長。その後東京電力に転じた。各種の公的委員を歴任したほか社会人野球協会会長も務め、『スポーツ人生万歳』という著書もある。

あまり訊《き》いちゃ駄目なんです。訊くと、人はしゃべらない。まず自分のことか関連することを話す。そうすると「いやいや違いますよ」って感じで話してくれます。

タレント、司会者／**タモリ**

会話とは「話し合い」ではなく「聞き合い」であり、聞くことをしないと説得力を持たない。

リコー元社長／**浜田広**

あなたが明日会う人々の四分の三は「自分と同じ意見の者はいないか」と必死になって探している。この望みをかなえてやるのが人に好かれる秘訣である。

アメリカの自己啓発作家／**デール・カーネギー**＊

ささやきに注意を払っていれば、怒鳴り声を聞く必要もない。

アメリカ先住民・**チェロキー族の格言**

好意的な忠告でも、人の前ですれば叱責になる。

アラブの格言

＊デール・カーネギーは『人を動かす』『話し方入門』など人間関係や話し方の世界的なベストセラーを出して多くの人に人生指針を与えた。米国の鉄鋼王アンドリュー・カーネギーとは無関係。

求められる前に、
忠告するべきではない。

オランダの人文主義者／**エラスムス**＊

どんな忠告を与えるにしろ、
長々としゃべるな。

古代ローマの詩人／**ホラティウス**

喋《しゃべ》って解決するような物事は
世の中にはひとつもありません。
喋れば喋るほど紛糾《ふんきゅう》するのが世の中です。

思想史家／**渡辺京二**

助言はしてやれ。
手助けはするな！

ゆうきまさみ／漫画**『機動警察パトレイバー』**

現代生活は忙しい。
要件はさっさと述べ、
言うべきことを言ったら、そこで話をやめて、
相手に話の場を譲るほうがよい。

アメリカの自己啓発作家／**デール・カーネギー**

＊エラスムスは社会を鋭く風刺した『愚神礼賛』で知られる。『キリスト教君主の教育』『ヒエロニムス著作集』などの著作と多彩な活動により「人文学者の王」「16世紀のヴォルテール」と賞賛された。

禍《わざわい》は口からという。言葉をつつしみ
自分の偉さをあらわそうとはせず、
気取らなければ、かえって人に尊敬され、
親しまれ、したがって自分も楽しみが多い。

ブリヂストン創業者／**石橋正二郎**

勝った時は何も言うな、
負けた時はもっと言うな。

アメリカンフットボール元コーチ／**ポール・ブラウン**

何よりも賢い態度の一つは、
相手に対して脅かすような言辞を吐いたり、
侮辱《ぶじょく》するような言葉を
決して口にしないように慎むことである。

イタリアの政治理論家／**マキャベリ**

ことばがむらむらするのを
まもり落ち着けよ
ことばについて慎んでおれ

仏典『**ダンマパダ**』＊

ブッダは、「私はどこから来てどこに行くのか」「世界は永遠か有限か」といった抽象的な問いには沈黙で応じた（無記）。どう答えても証明不能の議論が続くだけで、実人生の役に立たないからだ。言いたいことは誰だって山ほどある。だが、必ずしも口にしたほうがいいとは限らないのだ。

沈黙を学べ、ああ、わが友よ！
言葉は銀にも等しい。
だが時にかなった沈黙は純金だ。

ドイツの作曲家／**ベートーヴェン**

＊『ダンマパダ』は最古の初期仏教経典の１つ。『法句経』と訳される。抽象的な思弁を排し、実人生に役立つ合理的で平明な教えを説いており、世界の諸国語に翻訳されて広く親しまれている。

沈黙の威力を忘れるな。会話の途中で延々と沈黙を続けると、相手はひどく不安になり、ついにはうっかり口をすべらせたり、自分の意見を撤回したりする。

アメリカのジャーナリスト／**ランス・モロー**

心にもない言葉よりも沈黙のほうが、むしろずっと社交性を損なわない。

フランスの思想家、モラリスト＊／**モンテーニュ**

沈黙しているとき私は充実を覚える。口を開こうとするとたちまち空虚を感じる。

中国の文学者、思想家／**魯迅**

黙っているのも一つの答えである。

ユダヤの格言

目を開け。口を開くな。

アメリカ映画『**ゴッドファーザーPARTⅢ**』

＊モラリストとは人間や社会を考察、反省して随想や箴言《しんげん》といった端的な文章にまとめる作家をさす。主としてフランス文学で使われる言葉で、「人間探求家」とも訳される。

人間は考えることが少なければ少ないほど、よけいにしゃべる。

フランスの啓蒙思想家、法学者／**モンテスキュー**

おしゃべりの人は、本当のことを言っても不審の目で見られる。

古代ギリシャの伝記作家／**プルタルコス***

いいジョークは、何度も言わないほうがいい。

ドイツ出身の物理学者／**アインシュタイン**

冗談は、しばしば真実を伝える手段として役立つ。

イギリスの哲学者、政治家／**フランシス・ベーコン**

誰かがジョークを言いかけて、「これ、聞いたことある？」と尋ねても、「うん」と答えるな。

アメリカの脚本家／**デイヴィッド・マッケンナ**

会話は流れとノリが大切。「知ってるよ」と話の腰を折ったり、「べつに…」と空気を冷えさせたりするたびに、相手の心は離れていく。情報を引き出せなくなる。自分の話も聞いてもらえなくなるのだ。「面白がる」「ほめる」「驚く」「共感する」ことで相手をノセるのが肝心だ。

＊英語式の呼び方は「プルターク」。古代のギリシャとローマから偉人を一人ずつ組みにして対比させた『英雄伝』の著者として著名。ローマで哲学を講じ、神託で有名なデルフォイの神官も務めた。

ユーモアのわからない人に
ユーモラスなことを言うな。
相手は常にそれを
あなたに敵対する証拠として扱うだろう。

イギリスの俳優／**ハーバート・ツリー**

相手の両目を同時にのぞき込むな。
視線を片方の目から
もう片方の目へと移せ。
それで温かさと誠実さが伝わる。

アメリカの歌手、講演家／**ドロシー・サーノフ**

人はひとりで生きているように見えても、
たくさんの人に支えられながら生きています。
この人と人を繋ぐパイプ役を果たしているのが、ほかならぬ笑顔です。

漫画家／**やなせたかし**

見た目は大切だ。
笑顔を忘れぬように。

南アフリカ共和国元大統領／**ネルソン・マンデラ***

愛想のないのを
悪意のしるしと取ってしまうのは
誤りである。

フランス文学者／**鹿島茂**

＊マンデラは27年間も投獄されるなど過酷な半生を送ったが、「楽観的であるということは顔を常に太陽へ向け、足を常に前へ踏み出すことだ」と語るなどいつも前向きだった。ノーベル平和賞を受賞。

私が語るどんな言葉よりも、
私の隣りで十分間座っているほうが、
いろいろわかってもらえるんじゃないか。

アメリカの写真家／**ロバート・フランク**

慰めもせず、冗談で元気づけようともせず、泣いていたわけも訊《き》かず、ただただ横に座って居《い》ただけだった。

歌人、生命科学者／**永田和宏**

妻で歌人の河野裕子が乳がんを再発した。彼女は涙を隠すが、ある時、永田和宏は妻の様子から「さっきまで泣いていた」と直感するのだ。そのとき言葉が必要だろうか。永田は沈黙を選んだ。若き日の裕子の歌に「ブラウスの中まで明るき初夏の日にけぶれるごときわが乳房あり」がある。

手紙を書くのは相手に書くので自分に書くのじゃありません。だから自分の考えていることを言うよりは、なるべく相手を喜ばせることを書くようになさい。*

フランスの軍人、小説家／**ラクロ**

一度書かれた文字は
そのまま動くことはありませんが、
その文字を受け取った人の心の中で
文字は自由に運動を始めます。

生物学者／**福岡伸一**

腹が立っている時は
手紙を書くな。

中国の格言

＊ラクロの書簡体の小説『危険な関係』の中の一節。同作は、当時は貴族の退廃的な生活を描いた好色小説という見方もされたが、現在では心理小説の先駆だと高く評価されている。

むずかしいことをやさしく、やさしいことをふかく、ふかいことをおもしろく、おもしろいことをまじめに、まじめなことをゆかいに。

劇作家、小説家／**井上ひさし**

他人の口から出る言葉よりも、自分の口から出る言葉をよく聞きなさい。

ユダヤの格言

過去のことは話し合った瞬間に忘れてやるのが人間関係。

元プロ野球選手、監督／**星野仙一**

人を批判したいような気持ちが起きた場合は、この世の人がみんなお前と同じように恵まれているわけではないことを思い出しなさい。

アメリカの小説家／**スコット・フィッツジェラルド**

包囲した敵軍には必ず逃げ口をあけておく。進退きわまった敵をあまり追いつめてはならない。

古代中国の軍事思想家／**孫子＊**

＊孫子とは春秋時代の呉の将軍孫武のこと。彼が著した兵法書『孫子』は単なる戦術書にとどまらず、思想性と人間学によって戦争の深みを説く。中国、日本はもちろん世界に影響を与えた。

徹底的に論破してしまっては、
相手が救われない。
土俵際には追い詰めるが、
土俵の外に追い出す必要はない。

元首相／**田中角栄**

弱い敵でも、容赦なく攻撃すれば必死で反撃してくる。強敵だからと再起不能になるほど叩き潰せば、周囲から「そこまでしなくても」と恐れられて人徳を失う。田中角栄は大衆に人気があったが、政敵も多かった。それでも功績をあげたのは、禍根を残さない勝ち方を心がけたからだろう。

人にしてあげたことはすぐ忘れろ。
人にしてもらったことは
絶対忘れるな。

俳優／**石原裕次郎**

恩というものは
他人に着せるものではない。
自分が着るものだ。

小説家／**池波正太郎**

恩恵をほどこした者は
黙っているがよい。
恩恵を受けた者は
語るがよい。

古代ローマの哲学者、政治家／**セネカ**＊

「ごめんなさい」と
「ありがとう」は魔法の言葉。
しかもこの魔法はタダ。

神尾葉子／漫画『**花より男子**』

＊セネカは暴君ネロの教育係。ネロ即位後も補佐役を務め善政に導こうとした。やがて引退し文筆生活に入ったが陰謀事件に巻き込まれ死を命じられた。ストア派の哲人らしく平静に自決したという。

すぐに古びてしまうものは
何かと問われて、
「感謝だ」と
アリストテレスは答えた。

ギリシャの哲学史家／**ディオゲネス・ラエルティオス***

相手が誰であれ、
真実は謙遜して話すこと。
その時はじめてあなたは
誠実な人とみなされる。

アメリカ先住民・**ラコタ族の格言**

背中をポンとたたく。腕を肩に回す。
うまくいったらほめる。いかなかったら慰め顔でうなずく。
これはゴルフだけじゃなく、人生でも大きな意味を持つ。

第三十八代アメリカ大統領／**ジェラルド・フォード**

祝い事には遅れてもいい。
ただし葬式にはまっ先に駆けつけろ。
本当に人が悲しんでいる時に、
寄り添ってやることが大事だ。

元首相／**田中角栄**

おだてられても
「私にはわかりません」と言う勇気を持て。
決して尊大になってはならない。

ロシアの生理学者／**パブロフ**

＊ラエルティオスは『ギリシャ哲学者列伝』の著述者。同書はソクラテスをはじめプラトン、アリストテレス、エピクロスなど多数の哲学者の学説、生涯、逸話が収められ、史料としても使われる。

いつも母から「道はアングリアングリあるくものではない」と言われた。
道のシャンと歩けぬようなものは、人の上にたてぬ。
道を歩いている姿が一番人の眼につくものである。

民俗学者／**宮本常一**

なによりよくないのは、
本人の前と本人のいないところで、
態度を変えることだ。

アメリカ南北戦争の将軍／**ロバート・E・リー***

ぶつかっちゃダメです。
かわすんです。

安野モヨコ／漫画『**働きマン**』

長年の鬱憤《うっぷん》の原因を深く考えてみると、
実はただ一言、「ごめんね」や
「ありがとう」という言葉が
足りなかっただけなのではないでしょうか。

経営コンサルタント／**船井幸雄**

絶対に逃げるな。逃げちゃダメだ。
金を借りたら、その人のところに
頻繁《ひんぱん》に顔を出せ！

元プロレスラー／**アントニオ猪木**

＊リーはリンカーンから北軍の将軍就任を要請され、奴隷制にも不賛成だったが、故郷愛から南軍に属した。そのため戦争には敗北したものの、史上屈指の名将軍として今でも人気が高い。

「常に約束を守る」という習慣を育成すれば、信頼の橋を築くことになる。その橋が、あなたと他人の間に横たわる溝を超えるものになる。

アメリカの自己啓発作家／**スティーブン・R・コヴィー**

できない約束はするな。

古代ローマの劇作家／**プブリリウス・シルス***

誰かに対して、あるいは誰かについて、親切な励ましの言葉をかける機会を逃すな。

アメリカのコラムニスト／**アン・ランダーズ**

優しくなりなさい。あなたが出会う人々はみな、困難な戦いに挑んでいるのだから。

古代ギリシャの哲学者／**プラトン**

最も身近な人を幸せにすることは最も難しいことであり、それゆえに最も価値のあることである。

小説家／**宇野千代**

＊シルスは奴隷としてシリアからローマに連行されたが、才能を認められて解放された。劇作品は散逸したものの、その中からさまざまな金言集が編まれて今に伝わっている。

一日一日を始める最良の方法は、
目覚めの際に、今日は少なくとも
一人の人間に一つの喜びを与えることが
できないだろうかと考えることである。

ドイツの哲学者／**ニーチェ**

他人の過失を見るなかれ
他人のしたこととしなかったことを見るな
ただ自分のしたことと
しなかったこととだけを見よ

仏典**『ダンマパダ』**

他人を幸福にするのは、
香水をふりかけるようなものだ。
ふりかける時に、
自分にも数滴はかかる。

ユダヤの格言

他人を愛せよ。そうすれば彼らもまた、
あなた方を愛するだろう。
彼らの役に立て。そうすれば彼らも
あなた方の役に立つであろう。

フランスの思想家、哲学者／**ルソー**

優しい言葉をかけるのには、お金も時間もいりません。
にもかかわらず、
優しい言葉は多くのことをなし得ます。

フランスの科学者、哲学者／**パスカル**＊

＊パスカルは数学や哲学に多彩な業績を残したが、「密閉容器の中の静止流体の一部に圧力を加えると、圧力は流体のどの部分にも同じ強さで伝わる」という「パスカルの原理」の発見でことに著名。

自分の能力を認められたいなら、
人の能力を認めてやる必要がある。

ドイツの詩人、劇作家／**ゲーテ**

自分が他人からしてもらいたいことを
他人にしてやるなかれ。
他人の趣味が
自分と同じではないかもしれない。

イギリスの劇作家／**バーナード・ショー**

新約聖書「マタイによる福音書」の「人からしてもらいたいと思うことはなんでも、人にしなさい」という言葉（黄金律）を皮肉ったもの。「他人の思いや欲求を知ることは難しい。自分の価値観だけで軽率に動くのは考えものですよ。たとえ善意でもね」という忠告である。

信頼しなさい。そうすれば
相手はあなたに正直になるだろう。
素晴らしい人として接しなさい。
そうすれば相手は素晴らしさを示すだろう。

アメリカの思想家、詩人／**エマーソン**

自分が嫌だと思うことを、人にしてはならない。
これがトーラー*のすべてだ。
あとは注釈だ。先へ進み、学びなさい。

ユダヤ教の聖典『**タルムード**』

人間はそれぞれ「ものさし」がある。
相手の「ものさし」に合わせて
十分考えないと失敗するぞ。

元首相／**田中角栄**

＊トーラーとはユダヤ教の律法書のこと。いわばユダヤ教の基本文書。タルムードはトーラーを口頭で解釈して生活上の諸問題の具体的指針を示す信仰と生活の指南書。

最も仲のよい同士、互いに認め合っている人々も、
互いの考えをすべて言い合ったら、
生涯の敵となろう。

フランスの作家／**チャールズ・ピノ・デュクロ**

自分の思うところを忌憚《きたん》なく述べる者は、
激しい争いに巻き込まれることを覚悟せよ。

アメリカ先住民・**アイオワ族の言葉**

友人の家で
三日経っても
疎《うと》んじられない客はいない。*

古代ローマの喜劇作家／**プラウトゥス**

友人を傷つけるな。
たとえ冗談でも。

古代ローマの政治家、雄弁家／**キケロ**

心は一つにしても、
テントは別々に保て。

アラブの格言

*どんな良好な関係であっても、長居は常に嫌われる。「三日間の客は結構、それ以上は主人に負担」（タタール）、「客と魚は三日目には臭う」（リトアニア）など類似の格言も多い。

汝《なんじ》の隣人を愛せ。
だが垣根は取り払うな。

イギリスの詩人／**ジョージ・ハーバート＊**

信用したり期待しなければ
裏切られることもないのです。
それを頭に入れておくと、
意外と対人関係は楽になります。

歌手、俳優／**美輪明宏**

我慢ならない人に出会ったら諦めるのがいちばん。
人を変えようなんてしちゃだめ。
そもそもたいていは手遅れだし。

米・英合作映画『**悲しみよこんにちは**』

人にものを尋ねることができなくなるほど
「大物」になるな。
学ぶことがなくなるほど
「もの知り」になるな。

アメリカの自己啓発作家／**オグ・マンディーノ**

自分のすべてを他人に明かすな。
あいつのことはすべてわかっていると
相手が思わないように、
いくらかは隠しておけ。

アメリカの著述家／**マイケル・コーダ**

＊ハーバートは形而上派詩人を代表する一人。形而上詩とは一般的に哲学的思弁や宗教的情熱を根本とし、日常的な事象から思いがけない奇想や機知、比喩を導き出す語法を特徴とする。

二人の人間を、互いに気に入らせようとするな。

アメリカのエチケット権威／**エミリー・ポスト**

「この二人は絶対うまくいくはず」と思って引き合わせたもののダメだったという経験をした人は多いはずだ。くっつけようと世話を焼きすぎて不興を買う場合もある。人間関係は微妙なタイミングや感情のアヤによって形づくられる。自分の思い込みによって強引に介入するのは考えものだ。

人がいらだったり、不機嫌になったりするのは、しばしばあまりに長く立ち通しだったせいである。そんな時、その人に椅子を差し出してやるがいい。

フランスの哲学者／**アラン**

友人に「あなたがそう思っているだけよ」と言うな。友人が大げさに痛みを訴えても、「本当?」と尋ねるな。

アメリカの作家／**リサ・J・コーペン**

自分が会話を仕切っていると思う時は、必ず退屈している人間がいることを忘れるな。

『コスモポリタン』誌元編集長／**ヘレン・ブラウン**

真実を愛せ。ただし過ちはゆるせ。

フランスの啓蒙思想家／**ヴォルテール***

*ヴォルテールは啓蒙思想の代表的存在で、百科全書派の重要な一人。全ヨーロッパに影響を与えるほどの才能と活力を持ち、「18世紀はヴォルテールの世紀」と呼ばれたほどだった。

よい礼儀作法とはなんだろうか。
他人の悪い礼儀作法を
許すことである。

ユダヤの格言

誰かの落ち度を見つけたら、
第三者ではなく、
直接本人に言ってやりなさい。

アメリカ南北戦争の将軍／**ロバート・E・リー**

寛容である前に
公正であれ。

イギリスの女優、作家／**イライザ・ヘイウッド**

「最近どう？」と尋ねる人が、
本当に近況を知りたがっていると
思うな。

アメリカの脚本家／**デイヴィッド・マッケンナ**

扱いにくい相手とうまくつき合うには、相手が
なんとか自分を優秀に見せようと躍起《やっき》になっていることを念頭に置くことだ。
そして、その観点から相手とつき合ってみることだ。

オーストリアの精神医学者／**アドラー***

＊アドラーは精神分析家フロイトの弟子だったが、性欲を中心とする師の学説に反対して決別。すべての人間は劣等感を持ち、それを補償しようとする「優越への欲求」が活動の中心だと主張した。

「目には目を」という考え方は、
世界中の目を
つぶしてしまう。

英・インド合作映画『**ガンジー**』

人に裏切られたことなどない。
自分が誤解していただけだ。

俳優／**高倉健**

新しい友人をつくらずにいると、まもなく孤独になるだろう。
友情は常に手入れをすることだ。

イギリスの文学者／**サミュエル・ジョンソン**＊

わたしは、ひとりめの友だちを
見つけたのでした。
つまり、わたしは、本当の意味で、
生きることをはじめたのでした。

フィンランドの作家／**トーベ・ヤンソン**

お前の友だちを保っていく最上の方法は、
どんなことも決して彼らに負担をかけず、
金を貸さないことだ。

フランスの小説家／**ポール・ド・コック**

＊ジョンソンは英国の18世紀後半を代表する文学者で、「文壇の大御所」と称された。温かい人柄や強固な意志によって理想的国民の一人として広く敬愛される。英語辞典の編纂でも名を残した。

最も親しい友とは、
最悪の部分を見せる相手ではなく、
最良の部分を見せる相手である。

アメリカの小説家／**ホーソーン**

苦しみをともにするのではなく、
喜びをともにすることが
友人をつくる。

ドイツの哲学者／**ニーチェ**

失敗した責任を分かち合うのはよいが、
成功した功績は共有しようとしてはならない。
共有しようとすると、仲たがいの心が生じてくる。

中国明代の著述家／**洪自誠***

これは私の知る
最も賢明な男の言葉である。
「十人中九人は、親しくなってみると
前より好感が持てる」

イギリスの小説家、編集者／**スウィナトン**

幼稚園の頃、覚えてる？ 会ったばかりの
相手でも、十秒もしたら親友みたいに
なって一緒に遊んでたでしょ。あの頃は、
自分を飾る必要がなかったからなんだよね。

アメリカのテレビ映画『**ハイスクール・ミュージカル**』

＊洪自誠は『菜根譚』の著者として知られる。同書は儒教、仏教、道教の３つを融合した三教合一の立場から出処進退や渡世といった人生哲理を簡潔に述べたもので、特に日本で広く読まれている。

住まいのあるところが
故郷なのではない。
理解してもらえるところが
故郷なのだ。

ドイツの詩人／**モルゲンシュテルン**

必要とされている。
そのことに気づくと、
気分がよくなり、やる気が出るものだ。

オーストリアの作曲家／**ハイドン**

人間、自分一人でできることには限界がある。
だけど、人と力を合わせると、不思議な
ことに不可能も可能に、夢も現実になって
いく。だから、出会う人を大切にするんだよ。

元プロ野球選手／**衣笠祥雄**

手を取り合ってともに行け。一人ではなかなか遠くへは行けぬ。

中国の仏教書『**無門関**』＊

原文は「把手共行《はしゆきようこう》」のたった四文字。その中に「一人一人は無力でも、力を合わせれば大きなことができる」「一人だけで道を進む難しさ」「同じ目線に立てる人と一緒にいる心強さ」「仏と自己が一体となり、手に手をとって生きる喜び」といったさまざまな意味が込められている。

一人だけで伸びていける選手なんか、
どこにもいない。
伸びる選手とは、
まわりが伸ばそうとしてくれる選手。

水泳指導者／**平井伯昌**

＊『無門関』は、すぐれた公案（悟りに導くために考えさせる問題）を集め、コメントを付した書物。禅宗で非常に尊重される。中国では伝本が断たれたが、日本で盛んに考究されている。

新しい集団に入ったら、その集団の気風をよく見きわめて、自分をそれに合わせよう。新参者は教わるべきであり、人に教えるべきではない。

イギリスの科学者／**アイザック・ニュートン**

一人の強い男より、二人の弱い男のほうが、よい結果をつかむ。

アラブの格言

自分がいちばんおもしろいメンバーになりそうなら、パーティは開くな。

アメリカの小説家／**ミッキー・フリードマン**

片手の拍手は音が出ない。*

タイの格言

敵が欲しければ
味方より偉くなればよい。
味方が欲しければ
味方を引き立ててやればよい。

フランスのモラリスト／**ラ・ロシュフコー**

＊一人では何ほどのこともできない。力を合わせようという意。タイ人が他人に協力を求める時によく使う言葉だという。くしくも禅の有名な公案に「隻手音声《せきしゅおんじょう》」（片手の拍手の音を聞け）がある。

やさしく見える友人より、辛辣《しんらつ》な敵のほうが役に立つことがある。
友人は決して真実を言わないが、
敵はしばしば本当のことを言うからである。*

古代ローマの政治家、雄弁家／**キケロ**

敵を憎むな。
判断が鈍る。

アメリカ映画『**ゴッドファーザーPARTⅢ**』

敵と味方をいつでも
見分けられるってものでもない。
似たようなものだから。

フランス映画『**さらば友よ**』

商人は多くの知り合いと、
少しの友人を
持つべきである。

イタリアの商人、外交官／**ベネデット・コトルリ**

ビジネスに基づく友情のほうが、
友情に基づくビジネスよりもいい。

ロックフェラー財閥創始者／**ジョン・ロックフェラー**

＊この言葉は、実際は古代ローマの政治家カトーのもの。キケロは大先輩にあたるカトーを非常に尊敬しており、著書『友情論』の中で、この言葉を引用した。

「CEOが会社を駄目にしかねない、最悪の行動とは何ですか?」
「友だちを会社に引っ張り込むことだよ」

アメリカの実業家、作家/**リンダ・ロッテンバーグ**

多くの愚者を友とするより、
一人の知者を友とするべきだ。

古代ギリシャの哲学者/**デモクリトス＊**

愚かな人々とともに歌うより、
賢い人とともに泣くほうがいい。

セルビアの格言

しばしの別離は
再会をいっそう快いものにする。

イギリスの詩人/**ミルトン**

別離は人を
和解させる。

フランスの小説家/**アンリ・ド・モンテルラン**

＊デモクリトスは原子に基礎を置く原子論哲学の完成者。「知恵」というあだ名を贈られるほどの博学で後世に大きな影響を与えたが、著書はすべて失われ、現在は断片が残るのみである。

最後にかわした言葉が
心残りだった、
ということにならないように。

登山家／**田部井淳子**

平生は
みんな善人なんです、
少なくともみんな
普通の人間なんです。
それが、いざという間際に、
急に悪人に変わるんだから
恐ろしいのです。＊

小説家／**夏目漱石**

僕はね、
相手が言っていることの中身よりも、
それが善意に基づいているのか
悪意なのかだけを考えるんですよ。

コピーライター／**糸井重里**

これはという人物を見つけたら、
飛びつくこと。邪悪な人間と
組んでうまくいったためしがない。

アメリカの投資家／**ウォーレン・バフェット**

善人の心はいつも目もとにあり、
悪人の心はいつも口もとにある。

中国の少数民族・**ハニ族の格言**

＊小説『こころ』で、自分の親族にとりたてて悪人はいないと言う「私」の発言を「先生」が正し諭した言葉。漱石は手紙などにも名言を多く残した。

慢性的に
困窮している人は
敬遠せよ。

アメリカの演劇評論家／**ジョージ・ネイサン**

自分が大切にしているもののために
闘いなさい。
でも、他の人が
それに賛同するような闘い方をするのです。

アメリカの連邦最高裁元判事／**ルース・ギンズバーグ**＊

できれば叩くな。
叩くならしたたかに叩け。手加減はするな。
手加減しても感謝はされない。

第二十六代アメリカ大統領／**セオドア・ルーズベルト**

意見が衝突しても、
相手側の言い分を聞くまでは
批判するな。

古代ギリシャの悲劇詩人／**エウリピデス**

何も失うものがない奴とは
戦うな。

スペインの司祭、作家／**グラシアン**

＊ギンズバーグはリベラル派判事として性差別撤廃などを求め続け、高い人気を誇った。「女性を優遇してくれとは言いません。男性の皆さん、私たちを踏みつけるその足をどけて」という言葉でも有名。

対立を解決したいなら、
相手ではなく
自分自身に注意を向ける。

インドの哲学者／**クリシュナムルティ**

一方的に相手の非を責めるのではなく、まずはこちらが非を認めて謝ったほうがいい。そうすれば相手も「自分も悪かった」と譲歩し、和解が始まるものだ。そのように「私は正しい」というとらわれを手放すことを、クリシュナムルティは「我執からの解放」と言っている。

自己の向上を心がけている者は、
喧嘩など
する暇がないはずだ。

第十六代アメリカ大統領／**リンカーン**

直接会って話すのが、
お互いの悪感情を一掃する
最良の方法である。

第十六代アメリカ大統領／**リンカーン**

「君たちの気持ちはよくわかる」
などとは言うな。
相手はそこだけしか覚えていない。

軍人、経営評論家／**大橋武夫**

感情的になってしまった、と謝罪するな。
真実を吐露したことを
謝罪することになる。

イギリスの政治家、作家／**ディズレーリ**＊

＊ディズレーリは19世紀最大の議会政治家。英国首相を2度務め、ビクトリア女王の信任も厚かった。小説家としても20代から注目を集め、特に政治小説は明治の日本でもよく読まれた。

軽々しく「大丈夫！」と
引き受ける人を信用するな。＊

古代中国の思想家／**老子**

「誰それのことは信用するな」
と言う人間は信用するな。

アメリカの格言

偽善者は素晴らしい約束をする。
約束を守る気がないからである。

イギリスの政治思想家／**エドマンド・バーク**

人をデブと呼んでも、
自分が痩せるわけじゃない。
人をバカと呼んでも、
自分が賢くなるわけじゃない。

アメリカ映画『**ミーン・ガールズ**』

人を罰しようという衝動の強い人間には、
なべて信頼をおくな。

ドイツの哲学者／**ニーチェ**

＊原文は「軽諾《けいだく》は必ず信寡《しんすくな》し」で、「軽諾《けいだく》寡信《かしん》」という四字熟語もある。深く考えもせずに安請け合いをする人はとかく真剣味に欠け、約束を守ることが少ないので、あてにするなという警句だ。

あなたの友は友を持っており、
その友には友がいて、その友にはまた友がいる。
だから、友に話すことには気をつけなさい。

ユダヤの格言

他人を悪く言うな。
たとえ事実はどうあれ、
腹におさめておけ。

アメリカの牧師／**ヘンリー・ビーチャー**

人の悪口を
話題にするようになったら、
もうそのつき合いは長くない。

フランスのモラリスト／**ラ・ロシュフコー＊**

もし悪口を言うなら、
自分に返ってくることを
予期せよ。

古代ローマの詩人／**プラウタス**

人間、ヒマになると
悪口を言うようになります。
悪口を言わない程度の忙しさは大事です。

放送作家、エッセイスト／**永六輔**

＊ラ・ロシュフコーは政治活動に敗れて社交界に入り、格言をサロンで披露するようになった。それをまとめた『箴言集』は人間の非合理とエゴをペシミスティックに暴き、大きな衝撃を与えた。

王よ、人間にとって中傷は恐ろしい禍《わざわ》いです、口下手の人間はしばしば、正しいことを述べても、口達者の風下に立つのです。

古代ギリシャの悲劇詩人／**エウリピデス**

一つの酷評は、十の賛辞より影響力が大きい。

アメリカ映画『**フィニアンの虹**』

中傷への最高の返答は、黙々と義務を遂行することだ。

初代アメリカ大統領／**ジョージ・ワシントン**

中傷は奇妙な掟を持つところの悪徳である。それを殺そうとすれば生きるが、放っておけば自然死する。

イギリス出身の政治思想家／**トーマス・ペイン**

なにもかも詮索するものではない。気づかれずにいるのが良いこともたくさんあるのだ。

古代ギリシャの悲劇詩人／**ソフォクレス**＊

＊ソフォクレスはアテネの最盛期に生まれ育ち、29歳で悲劇競演に優勝。90歳まで創作を続け、政治家としても高官を歴任した。そんな幸福な人がテーマとしたのが、罪なき者の苦悩だった。

批判については、いっさい弁解しません。
非があるから黙っているのではなく、
そう思い込んでいる人には
何を言っても無駄ですから。

茶道裏千家十六代家元／**千宗室**

ほめらるるもの、四五日《しご》に過ぎず。
そしらるるもの、
また四五日に過ぎず。

説話集『**宇治拾遺物語**』

孔子が、悪名高い盗跖《とうせき》という盗人に「改心せよ」と教え諭した。する盗跖はこう反論したという。「賞賛されても非難されても、しょせん数日間のこと。世間の評判などその程度なのだから意に介さず、好きに振る舞っていいではないか」。悪人が使えば暴論だが、普通に使えば正論にもなる。

人を恨み続けることは
一生を棒に振ることだ。

沙村広明／漫画『**無限の住人**』

私は人を憎んでなんか
いられない。
私にはそんなヒマはない。

日本映画『**生きる**』

最もよい復讐の方法は、
自分まで同じような行為を
しないことだ。

古代ローマの皇帝／**マルクス・アウレリウス***

*アウレリウスは五賢帝の最後の皇帝で早くからストア哲学に傾倒した。対異民族戦争に忙殺され、代表作『自省録』は陣中で書かれた。同書は宇宙の理法と無常観を考察し、後期ストア派を代表する名著。

誰かを傷つけなければならぬ場合には、
復讐を恐れる必要のないほど、
強烈なダメージを与えねばならない。

イタリアの政治理論家／**マキャベリ***

嫉妬する人は
わけがあるから疑うんじゃないんです。
疑い深いから疑うんです。

イギリスの劇作家／**シェイクスピア**

嫉妬は千の目を持っている。
しかし、
一つも正しく見えない。

ユダヤの格言

嫉妬する側になるな。
される側になれ。

将棋棋士／**先崎学**

沈黙すれば
怒りに勝てる。

古代エジプトの格言

＊マキャベリは目的のためには手段を選ばない権謀術数主義で知られる。弱小国フィレンツェの書記官として軍事、外交に奔走したが国は崩壊。再度の活躍を期して著したのが有名な『君主論』だった。

激しい怒りを抱くうちは自己を制御していない。
すべての悪に対しては、
平静な抵抗が最高の勝利を収める。

スイスの思想家、法学者／**ヒルティ***

怒りの感情を抑えるには、
他人が怒っている時、
静かにそれを観察することである。

古代ローマの哲学者、政治家／**セネカ**

がまん強い人を
怒らせるな。

イギリスの詩人／**ジョン・ドライデン**

後悔するな。
相手をとがめるな。
それが英知の第一歩だ。

フランスの啓蒙思想家／**ディドロ**

怒るな。愚痴をこぼすな。過去を
顧《かえり》みるな。望みを将来におけ。
人のために善をなせ。

政治家、早稲田大学創立者／**大隈重信**

＊ヒルティは理想主義的な社会改良を唱え、ベルン大学総長、ハーグ国際仲裁裁判所判事を歴任した。
著書『幸福論』『眠られぬ夜のために』は真理愛が幸福を生むと説き、長く愛読されている。

嘘つきの天才は事実を五、嘘を三入れる。五つの事実の裏づけがあるから彼の嘘も効果があり、見破られないのだ。

小説家／**遠藤周作**

誰かが嘘をついていると疑うなら、信じたふりをするとよい。そうすると相手は大胆になり、もっとひどい嘘をついて正体を暴露する。

ドイツの哲学者／**ニーチェ**

記憶力に十分な自信がない者は、嘘をついてはいけない。

フランスの思想家、モラリスト／**モンテーニュ**＊

噂とはいい加減なものだ。たいてい噂のほうがよくできている。

アメリカ映画『**ワイアット・アープ**』

真実が靴をはく間に、嘘は地球を半周する。

アメリカの小説家／**マーク・トウェイン**

＊モンテーニュは懐疑精神によって人間性や世界を観照した『随想録（エセー）』で、フランスのモラリスト文学を確立させた。聖書からの引用が少ないのが特徴。デカルトなどに多大な影響を与えた。

何といっても本当に面白い点は事実の羅列にあるのであって、議論にあるのではない。

物理学者、随筆家／**中谷宇吉郎**＊

夕食のテーブルで議論をするな。空腹でない者が常に議論に勝つ。

イギリスの経済学者／**リチャード・ウェイトリー**

議論なんか、いくらしたって物事がはかどるもんじゃありません。行うべし、言うべからずですよ。

フランスの劇作家／**モリエール**

議論を吹ッかける場合には、わざとスキマを拵《こしら》えて置く方がいいんです。そうしないと敵が乗って来ないんです。

小説家／**谷崎潤一郎**

ディベート（討論）は、話す前と後で考えが変わったほうが負け。ダイアローグ（対話）は、話す前と後で考えが変わっていなければ意味がない。

劇作家、演出家／**平田オリザ**

＊中谷宇吉郎は特に雪と氷の研究で業績をあげ、今日の雪氷学や雲物理学の基礎を築いた。雪を題材とした科学映画の製作にも力を入れ、科学の啓蒙に大きな役割を果たした。

口論は誰にでもできるゲームだが、
双方とも決して勝てない
奇妙なゲームだ。

アメリカの政治家、科学者／**ベンジャミン・フランクリン**

豚とは取っ組み合いをするな。
泥まみれになるし、
豚を楽しませるだけだ。

アメリカの格言

嘘を口にしてはならない。
しかし、真実の中にも口にしてはならぬものがある。

ユダヤの格言

正しいことを言うときは
少しひかえめにするほうがいい

詩人／**吉野弘**

真実を語るなら、
我々のそばに
テントを張るな。*

チュニジアの格言

＊真実はむやみに口にするものではないぞ、そんな常識もわきまえない口軽な人間は隣近所から出ていけ、といった意味。「本当のことを言うやつは首を切られる」という物騒なアラブの格言もある。

お前は常に自分が正しいと思っているだろう。
しかし正しいことを言うときは
人を傷つけるということを知っておけ。

元首相／**竹下登**

人はあなたが言ったことも、
あなたがしたことも忘れてしまう。
だけど、あなたに対して抱いた感情を
忘れることはない。

アメリカの作家、活動家／**マヤ・アンジェロウ**

自分の記憶を信用するな。
人の親切は数日で忘れるくせに、
傷つけられたことは
何年でも覚えているのだから。

アメリカの格言

口論が始まったら立ち去ること。
腹立たしいことを言われても
聞こえないふりをすること。

安土桃山時代の博多商人／**島井宗室**＊

原文は一六一〇年に宗室が書いた十七条の遺訓の抜粋で、「いさかい、口論出来候者《しゅったいそうろうは》、初めよりやがて立退《たちのき》、早々帰り候《そうら》へ」「少々恥辱《ちじょく》に成候《なりそうろう》とも、しらぬ躰《てい》にて、少之《すこしの》返事にも及候《およびそうら》はで、とりあい候《そうろう》まじく」。遺訓全体が当時の商人意識の高さを表しており、社訓のルーツとも言われる。

「時々耳が遠い人になりなさい」。
このアドバイスは役立ちましたね。
結婚生活でも、職場でも。

アメリカの連邦最高裁元判事／**ルース・ギンズバーグ**

＊島井家は古くから酒屋と金融で富を蓄え、宗室はそれを背景に大友宗麟などの大名に貸付を行い、千利休ら堺の商人・茶人とも親交を持った。織田信長や豊臣秀吉にも接近した大豪商である。

愛嬌というのはね、
──自分より強いものを斃《たお》す柔らかい武器だよ。

小説家／**夏目漱石**

論争には耳を傾けよ。
だが、論争へ
仲間入りはするな。

ロシアの小説家、劇作家／**ゴーゴリ***

言い訳をするな。
友人は必要としないし、
敵はどうせ信じない。

アメリカの作家／**エルバート・ハバード**

批評家の言うことに耳を傾けるな。
これまで批評家のために
銅像が建てられたためしがない。

フィンランドの作曲家／**シベリウス**

何かをしたい者は手段を見つけ、
何もしたくない者は
言い訳を見つける。

アラビアの格言

＊ゴーゴリはロシアリアリズムの祖。細部を誇張、拡大することによってリアリティを感じさせる斬新な手法を開拓し、20世紀のモダニズム文学にも強い影響を与えた。

詭弁《きべん》はよし給《たま》え。
つまらんパラドックスは
自分で自分を不幸にするようなものだ。

小説家／**永井荷風**＊

風にはなびけ。
さもないと折れるぞ。

アメリカ映画**『探偵物語』**

お前が何かを期待している相手は、
お前の何かを当てにしているのだ。

アラブの格言

この世にはあんたみたいな
善人がたくさんいる。
だから図々しい奴が勝つのさ。

アメリカ映画**『動く標的』**

もしも二人がうまくやっているように見えるなら、
一人が耐えているのだ。

チュニジアの格言

＊永井荷風は明治文化を浅薄だと批判、下町や花柳界を情緒豊かに描いて人気を博した。その反時代的姿勢は反軍国主義につながり戦後も名を高める。踊子たちと遊び孤独死するという人生も反骨的だ。

夢には惹《ひ》かれても
現実を選ぶしかないわ。

アメリカ映画『**カイロの紫のバラ**』

人間、いつかは
妥協という名の
灰色の帽子をかぶる。

アメリカ映画『**ウディ・アレンの影と霧**』

お芝居と同じように、
人生にも上手な人と
下手な人がいるのよ。＊

劇作家、歌人／**寺山修司**

名声は川のようなものであって、
軽くてふくらんだものを浮かべ、
重くてがっしりしたものを沈める。

イギリスの哲学者、政治家／**フランシス・ベーコン**

名声には、成功の正当な評価である場合と、この言葉が言うように軽佻浮薄な風評にすぎない場合がある。とかく後者が幅をきかせがちなので、名声を判断の基準にはしないのが賢明だ。古代ローマ皇帝タキトゥスも「名声は鼻であしらえ。そうすれば評判が上がる」と言っている。

行く言葉が美しければ、
来る言葉も美しい。

韓国の格言

＊1968年に寺山修司主宰の劇団天井桟敷《さじき》が初演した『星の王子さま』の中のセリフ。サン＝テグジュペリの同名小説をモチーフに、「王子さまが大人になったら？」と鋭く問いかける前衛的戯曲だ。

名言大誤解

ペンは剣よりも強し。

イギリスの政治家、作家／**エドワード・リットン**

言論よりも「権力こそ最強」が真意

言論や情報の力は暴力を制する、という民主主義の根幹を象徴する言葉とされている。各国に同様の格言があり、類似の名言も多い。だが、リットンの真意は違っていた。

この言葉は、リットンが書いた歴史劇『リシュリュー』の中で、フランス宰相リシュリューが言い放つセリフである。

宰相とは、現代日本でいえば総理大臣に相当する政治権力者だ。

リシュリューは軍の一部が自分の暗殺を企てていることを知る。しかし、彼は聖職者でもあるので武力で対抗するのはまずい。「どうしますか」と部下に問われ、「大きな権力を持つ人物の手にペンが握られるならば」と断った上でリシュリューが言ったのが「ペンは剣よりも強し」なのである。

つまり、権力者である自分が「動くな」と兵に命じる書状にサインさえすれば、暗殺の動きは抑え込める、ということだ。

リシュリューは十七世紀に実在した政治家で、自分にあらがう農民や政治勢力を容赦なく弾圧した。彼の言葉は言論対暴力ではなく、権力対暴力の関係をリアルに語ったものなのだ。

そういう暗闘の歴史の中から、民主主義におけるペンの力は生まれたと言っていい。

第2章

ビジネスにすぐ使える名言

ビジネスでは無数の課題や問題が次々と、しかも広範囲に起きるものです。本章は時間術、交渉術、転職術といった個人目線から、上司と部下、チームプレー、競争戦略といった組織目線までをカバーする名言をそろえました。直面する壁を乗り越え、自分と環境の双方を変えるノウハウが見つかります。

どんな仕事がやりたいのか、はっきりとわからなくても
何がやりたくないかは多分わかるでしょう。やりたくないことはやらないで。
人生の時間は貴重なものです。情熱を感じないことで、時間を無駄にしないで。

ハーバードビジネススクール教授／**アニタ・エルバース**

問題はどの土俵を選ぶかだ。一度選んだら、
これから何十年も闘わなければならないのだ。
その土俵選びのためなら
一年かけても二年かけてもいい。

ソフトバンクグループ創始者／**孫正義**

決断における適切なフレームワークとは、
後悔を最小限にすることだ。たとえば
八十歳の自分を想像し、そこから人生を
ふり返ってみる。その時どうでありたいか？

アマゾン創業者／**ジェフ・ベゾス**

何をやるのかを決めるのは簡単。
何をやらないかを決めるのが大事。

デル創業者／**マイケル・デル***

適性がなくても
ワクワクすることなら、
やったほうがいい。

アメリカの元上院議員／**マイク・マクマナス**

＊デルは15歳の時にアップルⅡを分解し、市販コンピュータを強化して売るビジネスに目覚めた。19歳で会社設立。業界初の直販制度で急成長し、24歳で株式公開。典型的なIT成功者の一人だ。

目の前にある仕事に惚れることが大事だ。
最初は意に染まないと思っていた仕事でも、
やっているうちに面白くなるということはいくらでもある。

ヤマト運輸元社長／**小倉昌男**

好き嫌いっていうのは
信用していないです、
やっていたら
好きになるんじゃないですか。

ユニクロ社長／**柳井正**

嫌いなことを
ムリしてやったって
仕方がないだろう。

本田技研工業創業者／**本田宗一郎**

どんな容易な仕事も、
不承不承《ふしょうぶしょう》に行うと
困難となる。

古代ローマの喜劇作家／**テレンティウス**

仕事に駆り立てられるな。
仕事の主人となり、
完全に主導権を持て。

アメリカの教育者、黒人指導者／**ブッカー・T・ワシントン**＊

＊ワシントンは奴隷として生まれ、解放後、白人慈善家の支援で黒人のための学校を多数設立した。「調停者」の愛称で呼ばれ、急進的な黒人指導者と摩擦を生じながらも黒人の地位向上に生涯を捧げた。

常に仕事のことは真剣に考えよ。
だが、自分のことは
思いつめるな。

第三十四代アメリカ大統領／**アイゼンハワー***

自我の感覚と
仕事の感覚を一緒にするな。
仕事が消滅しても自我は消滅しない。

CBSニュース元社長／**ゴードン・ソーター**

「最もよく人を幸せにする人が最もよく幸せになる」
――これが七十四年に及ぶ人生を振り返って得た
結論であり、同時に私の信条信念である。

オムロン創業者／**立石一真**

正当以上の
卑屈な努力まで
する必要はない。

パナソニック創業者／**松下幸之助**

多忙を隠れ蓑《みの》に
しないこと。

アメリカの自己啓発作家／**オグ・マンディーノ**

*アイゼンハワーは「アイク」と呼ばれ、第二次大戦後最も人気のある大統領の一人だ。前歴は陸軍元帥で大戦の英雄だが、晩年には米国で進む軍産複合体の危険を警告した。

人の苦労なんて、
いくら聞かされたって成長しない。
自分で苦労しろ。

アサヒビール元社長／**瀬戸雄三**

今の日本の若い人に一番足りないのは勇気だ。
「そういうことを言ったら損する」
なんてことばかりを考えるな。

実業家、初代貿易庁長官／**白洲次郎**

プライドをしっかり持たないと、
あるいは捨てないと、
正しい選択を貫けない。

アメリカの元プロ野球選手、球団運営者／**ビリー・ビーン**＊

本当に高いプライドは
人を地道にさせる。
目線を上げたまま。

末次由紀／漫画『**ちはやふる**』

人間性は樹木のようなものだ。
仕事を通して、あらゆる方向へ
枝を伸ばし、広がらねばならない。

イギリスの経済学者、哲学者／**J・S・ミル**

私たちには「稼げない」「納得できない」ような仕事にはノーを言う合理精神と、「稼げないけどやりがいがあるからやる」「納得できないが納得できるまでやってみよう」といったチャレンジ精神の両方があるものだ。迷った時はミルの言葉のように「自分が成長できるか」を中心に見直すのも手だ。

＊ビーンは出塁率や長打率を重視する「セイバーメトリクス理論」によって貧乏球団アスレチックスを飛躍的に強化した。その手腕は映画化されたノンフィクション『マネー・ボール』で知られている。

先週と同じことやってちゃダメなんだよな。少しずつ進歩していくっていう気持ちがなけりゃ。そうすることでやっと先週と同じようにできるんだよ。

コメディアン／**伊東四朗**

報酬以上の仕事をしないという人は、仕事ぶりに応じて報酬が上がっていくことを忘れている。

アメリカの作家／**エルバート・ハバード**

若いうちは、重荷に感じられても、自分の手に余るような仕事に勇敢にぶつかっていくことが大切である。

極洋元社長、外交官／**法華津孝太**

一つ上の仕事をやれ。社員は主任の、主任は課長の、課長は部長の、部長は役員の。それで初めて大きな仕事ができる。

野村證券元会長／**奥村綱雄**

若い仕事は
若いだけじゃダメなんだ。
若いのに老巧でなければ、
若いことの意味がないんだよ。

放送作家、エッセイスト／**永六輔***

＊永六輔は、庶民の知恵に満ちた寸言や、心にしみる本音を収集し、『大往生』『職人』『大語録』など一連の本にまとめた。本書の彼の言葉もすべて、それらに収められた「庶民の名言」である。

自分のポジションをまっとうすれば、
他の人のことも見ることができる。
そうすれば、誰かのプレイも助けることができる。

元ラグビー選手／**松尾雄治**

肩の荷は分かち合うものだよ。
そうすることで仕事の内容や幅が
もっと大きくなるから。

東京海上火災保険元社長／**石原邦夫**

自分一人で
石を持ち上げる気がなかったら、
二人がかりでも
石は持ち上がらない。

ドイツの詩人、劇作家／**ゲーテ**＊

自己犠牲などあり得ないと思う。
自己を生かすことが
チームを生かすことなんだ。

元ラグビー選手／**平尾誠二**

技術者に孤立は許されない。人とのつながり、
あるいは人の集団、すなわち技術者の
集団をうまく形成していくことが、
技術者の要件なのである。

三井造船元社長／**山下勇**

＊ゲーテはワイマール公国で要職を務めた政治家でもあり、膨大な量の美術研究論文と自然科学論文を残した研究者でもあった。その影響は教養小説の確立、理想主義の展開など多方面に及んでいる。

君たちは、自分自身に投資しているのだ。
自分の選択をするのに、他人がどう思うか
なんて、どうして気にする必要があるのだ？

元ノースウェスタン大学ケロッグ経営大学院教授／**スティーブン・ロジャーズ**

ロジャーズは貧困家庭で育ったアフリカ系アメリカ人。公的援助を受けて大学に通い、ビジネススクールに進んでからは学校近くの外食チェーン店で経営者研修もした。「アルバイトしてるの？」というぶかる同級生もいたが、気にせず研修に邁進した。そうした経験をふまえて教壇で語った言葉。

人の話に答えを求めてはいけない。
答えはすべて
自分の中にあるのだ。

堀場製作所創業者／**堀場雅夫**

多少の手違いなんか忘れろ。失敗も忘れろ。
自分が今これからしようとしていること
以外は全部忘れて、
やっつけようじゃないか。

GM創業者／**ウィリアム・デュラント***

仕事を換えることによって、
必要な休息と同じくらいに
元気が回復するものだ。

スイスの思想家、法学者／**ヒルティ**

疲れた時は、この仕事に
就きたくて就きたくて
たまらなかった頃の
初心を思い出してみる。

キリンビバレッジ「FIRE」コピー

＊デュラントは馬車の製造販売で財をなし、草創期の自動車産業に参入。車の製造はフォードが、販売や流通はデュラントが築いたとされる。無一文から富豪になり晩年は無一文という波乱の人生だった。

「確かにできる」と答えなさい。
それから急いで、
どうすればいいかを探しなさい。

第二十六代アメリカ大統領／**セオドア・ルーズベルト**

自分より偉い人は
みんな利用しなさい。
それが事業成功の秘訣だ。

東急グループ創始者／**五島慶太**

全身全霊、心を込めて仕事をしなさい。
そうすればあなたは必ず成功する。
なぜなら、そういう人は、ほとんどいないからである。

アメリカの作家／**エルバート・ハバード**

誰の意見でも
ありがたく聴くことです。
実行するせんは
こちらが決めればよろし。

吉本興業創業者／**吉本せい**＊

見ている人は見ているのだから、
仕事はいつも
一生懸命でなくてはならない。

元プロ野球選手、監督／**野村克也**

＊吉本せいは夫泰三と大阪天満で寄席興行を始め、８人の子を育てながら吉本興行を設立、寄席経営を娯楽産業に発展させた功労者。波乱の生涯は『花のれん』など多くの小説、映画の題材となった。

この世に「雑用」という用はありません。
私たちが用を雑にした時に、
雑用が生まれます。

ノートルダム清心学園理事長／**渡辺和子**

仕事をする時は上機嫌でやれ。
そうすれば仕事もはかどるし、
体も疲れない。

ドイツの経済学者／**アドルフ・ワグナー**

スピードアップだけでは、
人の二倍の仕事をすることはできません。
効率よく働くためには段取りが大切です。

和食料理人／**道場六三郎**

大きい声を出して、
いつも元気にニコニコしていれば、
たいていのことはうまくいきます。

アサヒビール元社長／**樋口廣太郎**

依頼を受けた瞬間に
ストップウォッチを
押されたと認識しています。

小西化学工業＊社長／**小西弘矩**

＊小西化学は多様な製品や製造工程で使われる化学中間体のメーカー。「こんな機能が欲しいんだが」といった抽象的な依頼に、早く確実な答えを出さなければ仕事にならない。そこから生まれた言葉。

身を粉にするな。
頭を粉にせよ。
最悪のあとには必ず最善がある。

日本マクドナルド創業者／**藤田田**

急いでも無駄だ。
大切なのは間に合うように
始めることだ。

フランスの詩人／**ラ・フォンテーヌ***

大変な仕事だと思っても、まず取りかかってごらんなさい。
仕事に手をつけた、
それで半分の仕事は終わってしまったのです。

古代ローマの著述家／**アウソニウス**

すべてのモノは場所を決めておき、
すべての仕事は時間を決めてせよ。

アメリカの政治家、科学者／**ベンジャミン・フランクリン**

時計を見るな！

アメリカの発明家／**エジソン**

＊ラ・フォンテーヌの代表作『寓話詩（ファーブル）』は、イソップ寓話やインドの伝承など古い素材を用い、古典的自由詩の詩形を駆使して人間喜劇を描く。「文化の奇跡」と言われる名作である。

最後のひと押しが成否を決めるのだ。
人生は紙一重。こちらが根負けしかかった時、
相手もこちらに根負けしかかっているのだ。

リコー創業者／**市村清**

自分の実際に
最もよく知っている本論から始めれば、
ずっと楽に仕事を始めることができる。

スイスの思想家、法学者／**ヒルティ**

完璧だと思っても、
もう一押しすれば、
おまけが手に入る。

アメリカの発明家／**エジソン***

もう十分だと思っても、その後、
それまでの三倍は粘ることにしている。
やっとそれで十分なのだ。

映画監督／**黒澤明**

リーダーシップとは、
戦いの目標をはっきりと
見せてやることなんですね。

本田技研工業創業者／**本田宗一郎**

＊エジソンには「毎日18時間働くことにしている」「1日たりとも、いわゆる労働などしたことがない。何をやっても楽しくてたまらないからだ」といった猛烈な言葉が多い。並外れた努力型天才だった。

リーダーシップとは、その場にいることによって、周りの人たちをより幸せにすること。そして、その場からいなくなっても、よい影響を残せるよう、導くこと。

ハーバードビジネススクール教授／**フランシス・フライ**

リーダーは好かれなくてもよいが、尊敬されなくてはならない。

イギリス元首相／**マーガレット・サッチャー**

リーダーは強気であっても弱気であってもいい。しかし、優柔不断は困る。そして組織のリーダーは悪役ができないとダメだ。

将棋棋士／**西村一義**

自分の考えが百点で、部下が七十点であっても、大勢《たいせい》に影響がない場合は、なるべく部下の意見を採れ。

旭硝子元社長／**池田亀三郎**

部下に接する一番の心得は、何もかも知っていて、何も知らないふりをすることだ。

軍人、政治家／**大山巌**＊

＊大山巌は西郷隆盛のいとこ。無欲で懐の深い性格で部下を縦横に動かし、戦争や軍制改革を指揮。日本の理想的元帥とされた。妻は津田梅子らと米国留学し「鹿鳴館の華」と言われた山川捨松。

下手なところがあったら、もう一度使う。
そうすれば、必ず立派にし遂げるだろう。

海軍軍人／**山本五十六***

長く監督をやってきて、
この仕事は「気づかせ屋」だと
感じることがよくある。

元プロ野球選手、監督／**野村克也**

人を指導するということは、
その相手とじっくり向かい合って、
根比べをすることなのだ。

元プロ野球選手、監督／**広岡達朗**

困ってからではなく、
困る前でも
相談できるのが上司だ。

三菱UFJニコスコピー

上司の前で
部下が本当に
正直になると思うな。

アメリカの投資家／**リチャード・A・モラン**

＊山本五十六は軍政家の資質が強く、国をまたいで多様な活躍をした。基本的には国際協調、軍縮維持の考え方だったが太平洋戦争を指揮し、緒戦の大勝を導いた。米軍に搭乗機を撃墜されて戦死。

部下のことは他人に聞くな。本人から聞くだけにしろ。優秀なマネジャーに探偵はいらない。

アメリカのジャーナリスト／**ジョージ・ロリマー**

大切なクライアントや顧客にしないことを、従業員にするな。

フォーチュン・グループ創業者／**W・スティーヴン・ブラウン**

何かをさせようと思ったら一番忙しい奴にやらせろ。それが事を的確にすませる方法だ。

フランス皇帝／**ナポレオン**

幹部の権威をつけるための最良の方法は、部下が困っている仕事を解決してやることだ。

フランスの小説家／**バルザック***

運のないもんに仕事させたらあかん。

サントリー創業者／**鳥井信治郎**

＊バルザックは若い頃破産し莫大な借金をしたうえ、代議士に立候補したり新事業に手を出したりと俗世では失敗を重ねた。にもかかわらず超人的な量の作品を書き、今も長く読み継がれている。

名指しで批判はするな。
叱る時はサシの時にしろ。
ほめる時は大勢の前でほめてやれ。

元首相／**田中角栄**

やってみせて／言ってきかせて
やらせてみて／ほめてやらねば
人は動かじ

海軍軍人／**山本五十六**

「信頼せねば／人は実らじ」と続くバージョンもある。五十六は「苦しいこともあるだろう／言い度《た》いこともあるだろう／不満なこともあるだろう／腹の立つこともあるだろう／泣き度《た》いこともあるだろう／これらをじっとこらえてゆくのが／男の修行である」という言葉も残している。

部下にはやり方を教えるな。
やるべきことだけを教えれば、部下は
その創意工夫で驚かせてくれるだろう。

アメリカの陸軍軍人／**ジョージ・パットン**＊

公正であれば
公平でなくてよい。

劇作家、評論家／**山崎正和**

この人にはこれだけしか
能力がないなどと決めつけては、
能力は引き出せません。

ソニー創業者／**井深大**

＊パットンは典型的な熱血軍人。常に最前線で指揮を取り、機動部隊による果敢な戦闘で武勲を立てた。部下を厳しく訓練し殴打事件まで起こす一方、勇敢な部下には賞賛を惜しまなかった。

若い時にいい上司につけば能力を伸ばすことができるし、そうでなければなかなか伸ばせないところがある。若い人にとっては、ミドル（中堅社員）が社長なのです。

東京エレクトロン元社長／**久保徳雄**

提示できる解決法を持たずに、決して上司に問題を相談しに行くな。

『フォーチュン』誌元編集長／**ウォルター・キーチェル**

初めに結論を言え。理由は三つまでだ。この世に三つでまとめきれない大事はない。

元首相／**田中角栄**

悪い知らせほど、早く伝えなければならない。

マイクロソフト創業者／**ビル・ゲイツ**

悪い知らせであるほど、それを伝えるには努力が必要だ。

インテル元社長／**アンドリュー・グローヴ**＊

＊グローヴは草創期のインテルに3番目の社員として入社。相手を徹底的に打ち負かすねちっこい性格だが部下の能力を引き出すのがうまく、『ハイアウトプット・マネジメント』という著書もある。

新入社員にオリジナリティはない。
「謙虚」の一語を叩き込み、
「この人だ」と思う人のコピーをするがいい。

編集者、作家／**嵐山光三郎**

上司から呼び出されたら、
何をさておいても
すぐに駆けつけなさい。

儒教創始者／**孔子**

原文は「君、命じて召せば、駕《が》を俟《ま》たずして行く」。普通は主君から呼び出されたら、馬車（駕）に乗って行くのが礼儀。ところが孔子は、その用意が整うのを待たずに家を出たというのだ。礼儀作法を非常に重んじた孔子ですら、即応すべき場合はすぐに行動することを選んだのである。

先輩の背中を見て学ぶ。
そんなヒマがあったら
すぐに訊《き》け。

大谷製鉄コピー

本当のプレッシャーは、
ゴール前やピッチにはない。

アルゼンチンの元プロサッカー選手／**マラドーナ**＊

もうダメだという時が
仕事の始まり。

京セラ創業者、ＫＤＤＩ創業者／**稲盛和夫**

＊英雄マラドーナも生まれは極貧。失敗すれば貧困に戻るという重圧が常にあった。1978年には自国開催のＷ杯代表を外されるという屈辱も。真の闘いは勝負本番ではなく、その前後にあるのだ。

世の中は刻々と変化し、個人の力でどうすることもできない場合もある。だが、どんなに変化する世の中でも、自分から落後してはだめだ。

マルハニチロ元社長、政治家／**平塚常次郎**

不運なら、運不運を忘れるほど仕事に熱中してみよ。

京セラ創業者、ＫＤＤＩ創業者／**稲盛和夫**

成功は保守主義を生む。つまり現状べったりになって、頭から変化を受けつけなくなる。

ダウ・ケミカル元会長／**フランク・ポポフ**

成功は最低の教師だ。優秀な人間をたぶらかして、失敗などあり得ないと思い込ませてしまう。

マイクロソフト創業者／**ビル・ゲイツ**

これで十分という考えは、あらゆる進歩の敵だ。

アメリカのセールス系実業家／**ジョン・ヘンリー・パターソン**＊

＊パターソンは近代セールスの父とされる。発明後間もないレジスターの将来性を信じ、その製造販売に邁進した。セールスエージェントの重要性に早くから着目、多くの有能な人材も育てている。

成績の悪い営業マンほど、売れない理由の説明がうまい。

経営コンサルタント／**大前研一**

成功を妨げるたった一つの障害を教えてやろう。言いわけだ。「うまくいくわけない」と自分を説得する言いわけなんだよ。

アメリカ映画『**ウルフ・オブ・ウォールストリート**』

願いは大きく立てよ。立てたら向きは変えるな。あとは非妥協一本槍でいけ。妥協ほどつまらないものはない。

陶芸家／**濱田庄司***

勝者はどんな問題にも解答を見つけ、敗者はどんな解答にも問題を見つける。

アメリカの行動心理学者／**ロバート・アンソニー**

どんな闘争でも、折衷《せっちゅう》派という奴を生み出す。

歴史学者／**服部之総**

＊濱田庄司は陶芸家の河井寛次郎と釉薬《ゆうやく》を研究、英国の陶芸家バーナード・リーチとも親交を深めた。柳宗悦の民芸運動を推進し、さらに益子焼を革新。世界の陶人たちに強い影響を与えた。

人間は中道をとると称してどっちつかずになり、そのために大変な危険に引きずり込まれるものである。

イタリアの政治理論家／**マキャベリ**

常に競争相手は自分より頭が切れると考えよ。

GEドイツ元会長／**ウォルター・ラターノ**

ライバルが十本のバラを贈ったら、君は十五本贈るかい？ そう思った時点で君の負けだよ。ライバルが何をしようが関係ない。相手が望むことを見きわめるのが肝心なんだ。

アップル創業者／**スティーブ・ジョブズ＊**

企業が取り組む相手は同業者ではない。時の流れである。

樹研工業元社長／**松浦元男**

敵が友となる時、敵を滅ぼしたと言えないかね？

第十六代アメリカ大統領／**リンカーン**

＊ジョブズはビジョン実現のためには「技術的に可能か」「資金は足りるか」「市場はあるか」といった開発の絶対条件をしばしば無視した。それが製品の性能や操作性に圧倒的な革命を起こしたのだ。

自社の競争優位を
自らの手によって陳腐化しなければ、
いずれは競合他社によって陳腐化されてしまう。

ハーバード大学教授、経営学者／**マイケル・ポーター＊**

計算されたリスクを取れ。
それは軽率な猪突猛進とは
まったく違うのだ。

アメリカの陸軍軍人／**ジョージ・パットン**

大きなリスクを
背負ってでも
人と違うことをやる。

ブラジル出身の元サッカー選手／**リバウド**

人生に
満塁ホームランはない。
ゴロやバントを狙え。

日本マクドナルド創業者／**藤田田**

解決策がわからないのではない。
問題がわかっていないのだ。

イギリスの作家、批評家／**チェスタートン**

＊ポーターは企業競争や国際競争など競争戦略の第一人者。ファイブフォース分析やバリューチェーンなどの手法を提唱、企業や政府のアドバイザーを務める。代表作『競争の戦略』は経営学の必読書。

予測できない事態も
仕事のうちだ。

イタリア映画『**インテルビスタ**』

ややこしいことを
そのままに
しておいてはいけない。

トリンプ・ジャパン元社長／**吉越浩一郎**

撤退を百回繰り返しても、
何も手に入らない。

高輝度青色発光ダイオード開発者／**中村修二**

身動きできない状況の中で、
体を少しずつ、
しかし絶えず揺すぶり続ける。
そこに、事態打開の糸口が見えてくる。

三井物産元社長／**八尋俊邦**

事業に障害が出ても決して強行突破しない。
必ず迂回《うかい》作戦をとる。目標を失わないでいれば、
急速にそこ（目標）には行かないが、結局はうまくいく。

安川電機創業者、九州電力元会長／**安川第五郎**＊

＊安川第五郎は筑豊炭田の開発で活躍した安川敬一郎の子。渡米してウェスティングハウス社で学んだ。指導力と人間力に富み、1964年の東京オリンピックでは組織委員会会長を務めた。

成功するのに最も確実な方法は、
常にもう一度だけ
試してみることだ。

アメリカの発明家／**エジソン**

必ずどこかに
工夫のあるものを
つくろうやないか。

未来工業＊創業者／**山田昭男**

常に一歩前進することを
心がけよ。
停止は退歩を意味する。

野村證券創業者／**野村徳七**

普通の人間が考えたり、
したりすることをしていては、
普通の人間にさえなれない。

真珠養殖家、実業家／**御木本幸吉**

少し時間を置いて、世間の常識から思考を解放しなさい。
常識は、伝統的な価値観や
古い固定観念に基づいていることが多いからだ。

ハーバードビジネススクール教授／**ラケシュ・クラーナ**

＊未来工業は電設資材メーカー。電設資材は材質などに法律の縛りが強いうえ、松下電工（現パナソニック）が圧倒的なシェアを誇っていた。そんな中、資本金50万円で出発し、工夫を重ねて成長した。

何にもないところからの発明ではなく、市場にあるもんを組み合わせて新しいモノをつくるんです。

東方工業＊創業者／**小山雅也**

自分の仕事をたえず工夫していると、あまり知恵のない人でも、その仕事には自然と知恵が湧いてくる。

実業家、日本近代資本主義指導者／**渋沢栄一**

持っている道具が金槌《かなづち》だけだと、すべての問題が釘に見えてしまう。

アメリカの心理学者／**アブラハム・マズロー**

「何かおかしい」と感じたら、立ち止まり、人に助言を求め、質問しよう。決して「正当化」してはいけない。

ハーバードビジネススクール教授／**R・スティーブン・カプラン**

「効率」という言葉はよくない。「創造性」と言うことだ。

ゼネラル・エレクトリック元社長／**ジャック・ウェルチ**

＊東方工業は東大阪市の中堅企業。ゼロからの発明ではなく、組み合わせによる「開発」を得意とし、ミニコンロななかまどなどのアイデア製品を送り出している。

独創への挑戦はリスクが大きいと
思われているが、実は逆で、
人まねほどリスクは大きい。

元林原グループ代表／**林原健**

イノベーションを導入するためには、
少なくとも現時点では
うまくいっているものを
変えなくてはならないことが多い。

アメリカのマーケティング理論家／**フィリップ・コトラー**

初めてのことをしようと思えば、
そこまでしなくてもと思われるくらい
熱心かつ根気よく
作業を進める必要があります。

アマゾン創業者／**ジェフ・ベゾス**

正論では革命を起こせない。
革命を起こすものは僻論《へきろん》である。

政治家、軍人／**西郷隆盛**

僻論とは筋の通らないかたよった議論のこと。「愚見」「管見」と同様に自説を謙遜する時にも使われるが、この場合は違う。西郷は「異端であること、少数派であることこそが社会や組織を変革する力になる」と断じたのだ。極論で話を刺激し、展開させるのは、動かない人を動かす方法でもある。

ムリだと言うのを
一つ一つ潰したら、
結果としてムリでなくなる。

葵精螺製作所＊社長／**関信也**

＊葵精螺は東京都大田区にある中堅企業で、ネジなどの締結部品メーカー。不可能と言われる特殊なネジを製作することで知られる。

改革ということは、公平でなくてはいけない。そして大きいものから始めて、小さいものを後にするがよいヨ。改革者が一番に自分を改革するのサ。

幕臣、政治家／**勝海舟**

人と競争するより、人のやらんことをやる。そのほうが楽や。

日プラ＊創業者／**敷山哲洋**

「もう少し時間があれば考えつくんだけどなあ」なんて言うのは、これはバカだということだよ。

本田技研工業創業者／**本田宗一郎**

私と同じようなアイデアを持っていた人はきっといるだろう。ただ、私はそれを行動に移し、彼らはそうしなかっただけだ。

アタリ・コンピュータ創業者／**ノーラン・ブッシュネル**

誰も引き受けないところに商機はある。人が捨てる時、我はこれを拾う。

大倉財閥創始者／**大倉喜八郎**

＊日プラは香川県にあるアクリル樹脂パネルメーカー。沖縄県の美ら海水族館、アラブ首長国連邦のドバイ水族館、大阪市の海遊館などの大型水槽製作で業績を伸ばした。

成功は、飛び越えられるであろう三十センチのハードルを探すことに精を傾けたからであり、二メートルのハードルをクリアできる能力があったということではない。

アメリカの投資家／**ウォーレン・バフェット***

「声無くして人を呼ぶ」ことを商売人として忘れてはならない。

日商岩井創業者／**岩井勝次郎**

商品を紙で包まないでさ、言葉で包めばいいんだよ。

放送作家、エッセイスト／**永六輔**

投資家の前で「この数字は、保守的な数字です」は禁句だ。そう言った瞬間、投資家は起業家を負け犬だと見るだろう。

シカゴ大学ブーススビジネススクール教授／**スティーブン・N・カプラン**

どんな話でもポイントは結局一つだ。そこを見抜ければ、物事は三分あれば片づく。

元首相／**田中角栄**

＊バフェットが経営する投資会社の株価は、1965年から50年間にS&Pの上昇率が140倍だったのに対し、2万倍も上昇した。その卓越した投資手法から「オマハの賢人」とも呼ばれる富豪だ。

「我々は何を売りたいか」ではなく、
「顧客は何を買いたいか」を問う。

オーストリア出身の経営学者／**ピーター・ドラッカー**

人を動かして説得しようとする者は、
まずおのれが感動し、
おのれを説得しなければならない。

イギリスの評論家、歴史家／**カーライル**＊

交渉をする場合、
光を背にして位置することが有利。
相手の顔の相の動きがよくわかる。

丸善元社長／**司忠**

ご馳走するなら、
その人が行けない店に
連れて行け。

将棋棋士／**広津久雄**

交渉ごとは短気は禁物。事情を尽くし、
そうすることが相互の利益であると
いうことを繰り返し繰り返し説明していると、
そのうちにだんだんとわかってくる。

富士通元社長／**和田恒輔**

＊カーライルは豊かな学識と思想性で「チェルシーの哲人」と称された。英国の知識層に広く迎えられ、明治期の日本にも影響を与えた。内村鑑三、新渡戸稲造、国木田独歩らがその代表だ。

棍棒《こんぼう》を持って、
おだやかに話せ。
それで言い分は通る。

西アフリカの格言

セオドア・ルーズベルト大統領が演説で使って有名になった言葉。彼の「棍棒」は世界最大の米国海軍だった。その力を背景に棍棒外交を展開した成果の一つが、コロンビアからパナマを独立させて建設したパナマ運河だ。一方で彼は日露戦争の調停などの功績でノーベル平和賞を受賞した。

一つの例をあげることは、
一つの例をあげたにしかすぎない。
「たとえば」という言葉を聞いたら、
それは例にならないと思ったほうがよい。

ユダヤの格言

いくら苦しい局面に立っても、
恩義を忘れたらいかん、
そこを外したら信用もなにもない。

伊藤忠商事元社長／**越後正一**

人が困っている時こそ、
当面の利害を超えて
相手に便宜を図っていくことが、
あとあと大きな信用となる。

三洋電機創業者／**井植歳男**＊

仕事ができることより
他人に好かれることだ。

三菱電機元社長／**進藤貞和**

＊井植歳男は義兄の松下幸之助に信頼され、松下電器、松下無線、松下乾電池などを率いた。戦後のGHQによる公職追放指定のあおりで退社した。三洋電機は現在はパナソニックの1ブランド。

適度にバカになり、スキがある人間ほど、親しみをもって接せられ、仕事も円滑にいく。才能があるところを見せつけるよりも、適度にスキのある人間を目ざせ。

信用金庫経営者／**小原鐵五郎***

ビジネス社会で最後にものを言うのは人柄の良さだ。たいていの評価は人柄の善し悪しが決定する。

三菱商事元社長／**諸橋晋六**

地味な行動が最大の自己アピールになる。

アサヒビール元社長／**樋口廣太郎**

誠実さは言葉を持たない。それは、言葉にならないものである。誠実さは、その人の瞳と物腰の中に読み取ることができる。

トルコ共和国初代大統領／**ケマル・アタテュルク**

あなたの顧客の中で一番不安を持っている客こそ、あなたの一番の学習源なのだ。

マイクロソフト創業者／**ビル・ゲイツ**

＊小原鐵五郎は信用金庫業界の発展に生涯を捧げ、信用金庫の神様と呼ばれた。政官財界への影響力も強く、金融界のご意見番という異名もある。城南信用金庫元理事長。全国信用金庫協会元会長。

人々の不満を聞くと興奮する。
それが自分にとってのチャンスだから。

アリババグループ創業者／**馬雲***

顧客に対して、理にかなわないと言ってはならない。

ハイアールCEO／**張瑞敏**

かつて中国では洗濯機でイモを洗う農家が多かった。当然泥が詰まって故障し、苦情が寄せられる。他の製造元は「使い方が違うだろ」と憤り「イモ洗い禁止」の表示で対処した。だが、張瑞敏は泥に強い洗濯機を開発させた。これが大ヒットし、ハイアールは一気に市場を拡大したのである。

ボスは一人だけ。客だ。

ウォルマート創業者／**サム・ウォルトン**

人間社会の仕事には、相手があるんです。したがって、相手の役に立てばいいんです。そうすれば、必ず成功する。

つぼ八創業者／**石井誠二**

気は長く持つが、行う時は気短でなければならぬ。

ブリヂストン創業者／**石橋正二郎**

＊馬雲は英語名ジャック・マー。孫正義が中国で投資先を選ぶためにIT企業経営者20人から10分ずつ話を聞いた時、馬にはわずか5分で「いくら投資すればいいんだ？」とOKを出した逸話は有名。

少々無理をしても
思い切って行くことだ。
完璧なチャンスなんてないんだから。

元プロボクサー／**輪島功一**

ビジネスにおいて、
六ヵ月早ければよかったということは
あっても、六ヵ月遅ければよかった
ということはまずない。

ゼネラル・エレクトリック元社長／**ジャック・ウェルチ**＊

事実がわかっていなくても
前進することだ。
やっている間に事実もわかってこよう。

フォード・モーター創業者／**ヘンリー・フォード**

長い時間考えた手が
うまくいくケースは
非常に少ない。

将棋棋士／**羽生善治**

決定を焦ってはならない。
一晩眠れば
よい知恵が出る。

ロシアの詩人、小説家／**プーシキン**

＊ウェルチは不振の極にあった巨大企業ゼネラル・エレクトリックを、徹底した選択と集中戦略で再建した伝説の経営者。雑誌『フォーチュン』の「20世紀最高の経営者」にも選ばれた。

未来のことは考えないで、起きた時に努めて対処する。川に出くわせば靴を脱ぐが、出くわす前からどうして脱ぐか。

チベットの学者、政治家／**サキャ**

こっちのほうがまだましとドアを開けるな。必ずもっとましなものが、後からこっそりやってくる。

スペインの司祭、作家／**グラシアン**

「明日でもできることは今日やるな」。なぜかと言うと、早とちりを後悔するようなことが起こりかねないからだ。

アメリカの政治家／**アーロン・バー**

急速は事を破り、寧耐《ねいたい》＊は事を成す。

政治家、軍人／**西郷隆盛**

企業戦略があってこそ、企業は一つの全体として、個々の事業部を単純に足し合わせた以上の存在になれる。

ハーバード大学教授、経営学者／**マイケル・ポーター**

＊寧耐とは落ち着いて困難や苦痛に耐えること。上の言葉は「物事は焦るほどうまくいかなくなる。冷静沈着に取り組むのが成功の要諦だ」との意。平時だけでなく、非常時にこそ大切な心得だろう。

戦略の本質とは、何をやらないかという選択である。

ハーバード大学教授、経営学者／**マイケル・ポーター**

戦略を徹底的に論じたら、あくまでそれに執着するべきだ。

モンゴメリー・ウォード元ＣＥＯ／**エドワード・ブレナン**

大きな原則は簡単に変えてはならない。

サン・マイクロシステムズ設立者／**スコット・マクネリー**

販売は製品が完成してスタートする。マーケティングは製品が存在する以前にスタートする。

アメリカのマーケティング理論家／**フィリップ・コトラー***

心の奥底では消費者を一番にしていないことを認めるべきだ。

アメリカのマーケティング理論家／**フィリップ・コトラー**

あらゆる企業が「お客様第一」をうたうが、実際はどうか。売上第一、シェア第一、時には上司第一、保身第一だったりすることも多い。マーケターの大切な役割は、「お客様第一」が埋没してしまわないように進むべき道を創造し、それを明快なデータで示すことにある。

＊コトラーは近代マーケティングの父として著名。「マーケティングとは本物の顧客価値を生み出す活動であり、顧客の生活向上を支援し、人々のニーズを収益機会に転化すること」と説く。

ニッチは
「見つける」ものではありません。
ニッチは自分でつくるものです。

植松電機＊社長／**植松努**

企業の目的は
顧客を創造することではなく、
ファンを創造することである。

アメリカのマーケティング理論家／**フィリップ・コトラー**

どんな小さな市場でもいいからナンバーワンになって、
社員に誇りを持たせたい。

スズキ元社長／**鈴木修**

市場の動向や消費者の好みに
合わせた商品を送り出すのは
敗者のやり方だ。

プラダ元会長／**パトリツィオ・ベルテッリ**

チマチマやっても
仕方がない。最初から
大きく打って出るんだ。

ソフトバンクグループ創始者／**孫正義**

＊植松電機は、リサイクル作業トラッククレーンや油圧ショベルに取り付ける電磁石システムの開発製造会社。電磁石で90%のシェア。北海道大学との共同研究でロケット開発も行っている。

ナンバーツーでは
生き残れない。

サムスン電気元会長／**李健熙《リゴンヒ》***

ナンバーワンなら、
自分の命運を
コントロールできる。

ゼネラル・エレクトリック元社長／**ジャック・ウェルチ**

ウェルチは「市場で一位か二位でない部門は切り捨てる」という厳しい戦略で会社を再建した。だが、三位以下で利益を上げている部門は当然猛反発する。その時、彼は「四位か五位でいると、ナンバーワンがくしゃみをしただけで肺炎にかかってしまう」と言い、冒頭の言葉を続けたのだ。

半年、一年先のことを考えながら、
五年先、十年先を
見据えていかなくてはだめだ。

シャープ創業者／**早川徳次**

計画を立てれば
未来が現在になり、
あなたは行動を
起こすことができる。

アメリカの自己啓発作家／**アラン・ラケイン**

予測は立ててもいいのですが、
そんなものは間違うものだと
考えておくべきです。

信越化学元社長／**金川千尋**

＊李健熙はサムスングループを創業した父・李秉喆が早稲田大学政経学部卒だったことから留学を勧められ、同大学商学部卒。「妻子以外はすべてを変えよう」という新経営方針で会社を隆盛に導いた。

仕事を決める基準は一つ。
成長、それも急成長だ。

グーグル元会長／**エリック・シュミット***

結果的に安定成長はあり得るが、
最初から安定成長を
望んでいてはいけない。

ファーストリテイリング会長／**柳井正**

柳井正は「会社は成長しなければ死んだも同然」なのだから、成長への挑戦こそが生命線だと強調する。失敗を恐れて安定志向になってはダメだ。失敗したとしても修正、撤退すればいつでも成長軌道に復帰できる。とにかくやってみることが成長と進化を生むのだ。

コストというものは、
ひとりでにあるいは偶然に
低下したりしない。

ハーバード大学教授、経営学者／**マイケル・ポーター**

小さな出費に注意を払え。
小さな穴が大きな船を
沈めることもあるからだ。

アメリカの科学者、政治家／**ベンジャミン・フランクリン**

賢い人たちは
座ったまま損失を嘆いたりはしない。
元気よく
その損失を取り返す方策を探すのだ。

アメリカの自己啓発作家／**デール・カーネギー**

*シュミットはサン・マイクロシステムズの最高技術責任者だったが、グーグル創業者のラリー・ペイジとセルゲイ・ブリンに請われて入社。クラウドコンピューティングの概念提唱者とも言われる。

金というものは
一見無駄と思えるところにかけると、
回り回って大きな果実になって
戻ってくるものなんですよ。

ヘラルドグループ創始者／**古川為三郎**

金がないから何もできない
という人間は、金があって
も何もできない人間である。

阪急グループ創始者／**小林一三**

我々が夕食にありつけるのは、
肉屋や酒屋やパン屋の善意のおかげではなく、
彼らが利益を追求したおかげだ。

イギリスの経済学者、哲学者／**アダム・スミス**＊

経済学の核心は、
言ってみれば一行に尽きる。
「人はインセンティブに反応する」。
残りは注釈にすぎない。

アメリカの経済学者／**スティーヴン・ランズバーグ**

ロミオとジュリエットにも
富の格差があり、
それが悲劇に
つながっているわけです。

フランスの経済学者／**トマ・ピケティ**

＊アダム・スミスは古典派経済学を代表する一人。「道徳や法、統治は経済によって左右される。経済は人々の私的利益追求に任せても『見えざる手』が働いて均衡が保たれる」と説いた。

効果的な経営者は、
常に最重要事から取りかかり、そして、
いちどきに一つの事柄だけを片づける。

オーストリア出身の経営学者／**ピーター・ドラッカー**

トップの役割とは、現実と理想という、
どちらもないがしろにしては
ならないものの
接点を追求することだ。

味の素創業者／**鈴木三郎助**

企業の社長になったら、できるだけ早く大きな仕事をやるべきだ。
「熟慮断行」もヘチマもない。
「待てば海路の日和《ひより》」では、とても大きな仕事などできない。

元首相／**田中角栄**

会社は、
社長が陽気でなけりゃあ
いけまへんわ。

三洋電機創業者／**井植歳男**

思い切ってやる必要がある。
時宜《じぎ》に適《かな》った苦労は、
結局は人々に
大いなる幸せをもたらすものだ。

古代ギリシャの悲劇詩人／**エウリピデス＊**

＊エウリピデスは、アイスキロス、ソフォクレスと並ぶ三大悲劇詩人。残された作品数や断片の量が二人よりも格段に多く、圧倒的な人気を長く保ったことがうかがえる。

枝葉のことにはあまり目をくれないようにする。本質に合わない間違った方向に飛び込んでいくと、なかなか立ち直れない。

全日空元社長／**岡崎嘉平太**

専門家というものは全体の関係は見ていない。専門家の知識は使うべし。それに呑まれてはいかん。

読売新聞社元社長、読売ジャイアンツ創立者／**正力松太郎**

その日に決断のつかないことを、思い悩んで明日まで持ち越すようだと、明日の戦争は負けだ。

東急グループ創始者／**五島慶太**

六十点主義でスピーディに決断せよ。決めるべき時に決めないのは度しがたい失敗だ。

東芝元社長、経団連元会長／**土光敏夫**＊

仕事は三割の賛成者があれば着手すべきだ。五割も賛成者があればもう手遅れだよ。

大原財閥創始者／**大原孫三郎**

＊土光敏夫は、経団連会長に就任後は行政改革に積極的に取り組んだ。猛烈な行動力、実直な人柄、質素な私生活から、「ミスター合理化」「怒号敏夫」「行革の鬼」などの愛称で呼ばれた。

迷った時には、
十年後にその決断がどう評価されるか、
十年前ならどう受け入れられたかを
考えてみればよい。

昭和電工元社長／**鈴木治雄**

人はどんなものでも
決して捨つべきものではない。
いかに役に立たぬといっても、
必ず何か一得はあるものだ。

幕臣、政治家／**勝海舟**

君たちの理解できる人間だけを採用したら、
君たち以上には出ないんだよ。

本田技研工業創業者／**本田宗一郎**

これはと思う人に少しずつ仕事を与え、
力を探ると同時に、周囲の同僚や先輩が
「あれは出世頭だな」と納得するように
地ならしをしてから役員に登用する。

第百生命保険元社長／**川崎大次郎**

十人が十人とも好む人材は
非常事態に対応できないので
登用しない。

薩摩藩十一代藩主／**島津斉彬***

＊島津斉彬は高野長英などの洋学者に学び、徳川斉昭、松平慶永、老中阿部正弘らと親交を結び、知見、政治的見識は抜群だった。49歳で急死したが、彼の成した事業が明治維新の礎石となった。

頭が切れたり、器用な人より、
ちょっと鈍感で誠実な人のほうが
よろしいですな。

宮大工／**西岡常一***

ちょっと変わったヤツが
必要なんですよ。優等生ばかりを
集めていてもいい酒になりません。

ウィスキーブレンダー／**輿水精一**

人事で難しいのは、
潜在能力を見抜くことだ。
課長で優秀でも部長で優秀とは限らず、
部長で優秀でも役員で優秀とは限らない。

住友電気工業元社長／**亀井正夫**

世の中には本当に使いようがない
というカスはほとんどない。
カスをいかに有用に生かすかが
経営成功の秘訣だ。

宇部興産元社長／**中安閑一**

この言葉は、直接的には工場廃液や煤塵《ばいじん》といった「カス」を公害対策上どう生かすか研究した時の教訓である。だが、カスを「人材」「発想」「技術」といった経営資源に置き換えるだけで、深い経営理念につながっていく。

悪いと思われるものの中でも、時代の
価値観の変化によって、新しい生命を持つ
良いものがあるかもしれない。
経営でも、そうした物差しを持たなければ。

日本生命元社長／**弘世現**

＊西岡常一は法隆寺専属の棟梁。古代建築工法で大伽藍を造営できる技倆と知識を受け継ぎ、「最後の宮大工」と呼ばれた。寺院再建に関しては学者とも激論し、「法隆寺には鬼がおる」と敬愛された。

判断に迷ったら、より多くの人間に貢献できるほうを選べ。
自分よりも仲間、仲間よりも社会全体。
この判断基準で大きく間違うことはまずない。

オーストリア出身の精神科医／**アドラー**

何をするにしても、
経営資源を
分散させないこと。

ゼネラル・エレクトリック元社長／**ジャック・ウェルチ**

甲乙選びがたい時は、
より危険性があっても
積極策をとる。

海軍軍人／**山口多聞**＊

私の意志決定には
データ重視のものと、
直感重視のものがある。
ただ、感情で決めることはない。

デル・コンピュータ創業者／**マイケル・デル**

追い詰められた時の多数決は、
大変危険です。
気弱になった集団の多数意見は、
往々にして誤る。

元南極観測隊隊長／**村山雅美**

＊山口多聞は真珠湾など多くの戦闘で成果を上げげた。ミッドウェー海戦では旗艦の空母、飛龍《ひりゅう》で指揮をとったが米軍の攻撃で艦が大破、乗員に退去を命じたあと自分は退去せず飛龍と運命を共にした。

上中下の三策を用意するという考えでは十分でない。
三策がすべて外れたらどうしようもないだろう。
私はさらに第四の方策を考慮して、あらゆる場合に備えることにしている。

三菱グループ創始者／**岩崎弥太郎**

会議を重ねすぎると、
いつの時代にも起こったことが起こる。
すなわち、ついには最悪の策が採られる。

フランス皇帝／**ナポレオン**

決定のためには
いろいろな案がなくてはならない。
可、否の二案だけでは不足であり、
決定しないという決定もある。

オーストリア出身の経営学者／**ピーター・ドラッカー**＊

会議なんていうものは、
悪いものがあると、
やめようということになる。
やめるのが一番楽だからね。

本田技研工業創業者／**本田宗一郎**

評論家はいらないのです。
反対意見は大いに結構、
しかし必ず代案を出しなさい。

堀場製作所創業者／**堀場雅夫**

＊ドラッカーは「目標管理」「民営化」などの概念を体系化し、経営や政策に強い影響を保ち続けた。日本の高度経済成長を予見し、日本的経営手法を世界に紹介したことでも知られる。

名言大誤解

天才とは一%のひらめきと九九%の努力である。

アメリカの発明家／**エジソン**

重点は「一%のひらめき」のほうにあった！

「エジソンでさえ、成功の九九%は努力（汗）によるものだった。まして平凡な私たちには努力あるのみだ」と受け止めるのが普通だが、エジソンの本意は「ひらめき」のほうにあった。

この言葉が有名になったあと、「努力をすればなんでもうまくいくと思うのは間違いだ」「私は一%のひらめきがなければ九九%の努力が無駄になると言ったのだ」と発言しているのである。「なのに世間は私を努力の人に仕立て上げ、努力だけが成功の秘訣だと勘違いしている」とも言った。

確かにエジソンは一日十八時間働くような並外れた努力家だった。その努力が彼を天才発明家にしたことは間違いない。

だが、だからこそエジソンは、ひらめきの大切さを強調したかったのだ。努力にはおのずから限度があるが、ひらめきの可能性は無限だ。努力は一方向に向かうが、ひらめきはあらゆる方向に私たちを導いてくれる。

ひらめきと努力は車の両輪なのだとバランスよく考えたほうがいい。どちらかに偏ってしまうと、大きな成果は得られない。同様のことは、「計画と実行」「理念と現実」「デザイン性と実用性」など、多くの対概念に当てはまる。

第3章

女と男と家庭、そしてお金の名言

女と男が互いの現実を知り、家庭を築いて子を育て、お金を稼いでいくばくかの資産を残す。そんな平凡な人生旅程にも波瀾はつきまといます。本章は、異性・恋愛のトリセツ、結婚と家庭、マネーライフの名言編。どの言葉も、あなたに幸多かれと語りかけてくれるでしょう。

自分がどういう人間か、
男に決めさせちゃだめよ。

アメリカの俳優、司会者／**オプラ・ウィンフリー**

自分のことを必要としない
人間なんて必要ない。
女の子なら忘れないで。

アメリカの女優／**マリリン・モンロー**

「彼を愛しているの？」
「いいえ」
「それはよかった。愛したら最後、
男に振り回されるからね」

アメリカ映画『**月の輝く夜に**』

女心は、
どんなに悲しみで
いっぱいになっても、
お世辞や恋を
受け入れる片隅が
どこかに残っているものだ。

フランスの劇作家／**マリヴォー**

綺麗《きれい》な脚でいたかったら、
男たちの視線に
脚をさらしなさい。

ドイツ出身の女優、歌手／**マレーネ・ディートリッヒ＊**

＊ディートリッヒは退廃的な美しさと、「百万ドルの脚」と言われた脚線美で一時代を築いた。第二次大戦中に欧州の前線を慰問した時に歌った持ち歌『リリー・マルレーン』は有名。

誰でも人を愛することができるわ。
でもそれは人を
所有するということじゃないわ。

イギリス映画『**予期せぬ出来事**』

恋は要らないの。
欲しいのは
尊重されること。

インド映画『**マダム・イン・ニューヨーク**』

女というものはね、
男にだまされたって時には我慢することもあるけれど、
踏みつけにされちゃ黙っていないわ。*

フランスの劇作家、小説家／**小デュマ**

私にあなたの援助が必要でなくなった時、
私があなたを愛してるかどうかが
わかるでしょう。

シャネル創業者／**ココ・シャネル**

何年かすると君は大人になる。美人に
なって誰かに愛される。その時の君は魔法
使いと同じだ。小指の動きやわずかな
言葉で、幸せも不幸もつくることができる。

アメリカ映画『**追いつめられて**』

＊小デュマの代表作で戯曲やオペラにもなった『椿姫』の中のセリフ。「小デュマ」という呼び名は、『モンテ・クリスト伯』『三銃士』などの作者で彼の父親である「大デュマ」と区別するため。

歴代の女が泣いてわめいて
角《かど》取ってくれた
中古の男がちょうどええ。

漫画家／**西原理恵子**

善人には女はできない。
それが現実だ。

アメリカ映画『**三つ数えろ**』

「それが女の本性というものじゃ」と
ドン・キホーテが口をはさんだ。
「言い寄る男を袖《そで》にし、
つれない男を追いかけるというのがな」*

スペインの小説家／**セルバンテス**

もしあなたが私の最悪の時に
きちんと扱ってくれないなら、
私の最高の瞬間を
一緒に過ごす資格はない。

アメリカの女優／**マリリン・モンロー**

どんな女に惚れてもいい。
それが利口なんだ。
いちばん馬鹿なのは
何もしないで
老いぼれることだ。

アメリカ映画『**ラスト・ショー**』

*セルバンテスの代表作『ドン・キホーテ』の一節。セルバンテスは人生のほとんどを兵士、捕虜、税金徴収役人として過ごした。入獄も経験し、本格的な作家活動に入った時は60歳を過ぎていた。

いかなる闘いの最中であろうと、
身だしなみには気をつかう。
それが男のダンディズムというものだ。

宮下あきら／漫画『**魁!!男塾**』

男前より
気前。

日本の格言

彼女はまるで自分が美しい女であるかのように振る舞っている。ほとんどすべてのアメリカ人女性がそうだ。みなそれゆえに、魅力的なのだ。

イギリスの詩人、劇作家／**オスカー・ワイルド***

「あなたっていい人ね」
「いい人はやめてくれ。安全ということだ。悪い人になりたい」

アメリカ映画『**張り込み**』

知らない女性は
どれも愛想がよく見える。

フランスの思想家、モラリスト／**モンテーニュ**

＊ワイルドは派手な才能と破天荒な言動によって社交界を渡り歩いた。そのため保守派からは指弾されたが、「書物に道徳的も不道徳的もない。よく書けているか否かだけが問題なのだ」と反撃した。

自分は愛されている、と思っている女は
いつも魅力があるものだ。

小説家、評論家／**伊藤整**

女は俺の
成熟する場所だった。

文芸批評家／**小林秀雄**＊

男の過去が勲章とは限りません、
あまり聞き出さない方が
いいですよ。

放送作家、エッセイスト／**永六輔**

女がいつまでも独りでいると
父親を支配するようになる。
嫁に行ってよその男を支配しろ。

イギリス映画『**ホブスンの婿選び**』

恋とは、
普通の娘を
女神と間違うことだ。

アメリカのジャーナリスト／**H・L・メンケン**

＊小林秀雄は書き手と読み手相互の自意識を軸とする近代批評を確立した大御所。若い頃は友人で詩人の中原中也が同棲していた女性と同棲を始めるなど、三角関係に悩むこともあった。

愛とは相手に変わることを要求せず、
相手をありのままに受け容れることだ。

イタリアの劇作家／**ディエゴ・ファッブリ**

愛とは、
互いに見つめ合うことではなく、
ともに同じ方向を見つめることだ。

フランスの作家／**サン＝テグジュペリ**

恋というのは、自分の描く理想像に
自分がのめり込んでいるようなもので、
ほんとうのところ、
いつまでやってもきりがない。

小説家／**吉本ばなな**

男女の仲というのは、夕食を二人っ
きりで三度して、それでどうにか
ならなかった時はあきらめろ。

映画監督／**小津安二郎**

恋が芽生えるには、
ごく小量の希望があれば
十分である。

フランスの小説家／**スタンダール＊**

＊スタンダールの人生は、墓碑銘「生きた、書いた、愛した」の通り数々の恋愛に彩られていた。しかし、生涯最大の恋人との恋は実らず、その体験が『恋愛論』に結実した。

恋愛で第一に大事なことは何かと聞かれたら、私は、好機をとらえることと答えるだろう。第二も同じ、第三もやはりそれだ。

フランスの思想家、モラリスト／**モンテーニュ**

恋愛は、チャンスでないと思う。私はそれを、意志だと思う。

小説家／**太宰治**

ひと目ぼれは愛じゃない。発作だ。

伊・仏合作映画『**嘆きのテレーズ**』

恋において、仕草は言葉などと比較にならないほど魅力的で、効果的で、価値がある。

フランスの物語作家／**ラブレー**＊

人間の瞳は、舌が発音できない言葉を話す。

アメリカ先住民・**クロウ族の格言**

＊ラブレーはフランスルネサンス最大の物語作家。医師でもあり、当代きっての名医とも称えられた。しかし激しい宗教対立に巻き込まれて異端視され、投獄を噂されたあと消息を断っている。

涙は目の
上品な言葉です。

イギリスの聖職者、詩人／**ロバート・ヘリック**

愛は行動です。
言葉だけではダメなんです。

イギリス出身の女優／**オードリー・ヘップバーン***

「君は山猫のような女だな」
「では飼いならしてごらんなさい」

アメリカ映画『**サムソンとデリラ**』

知ってるか？
おれはひかりのことが
大好きなんだぜ。

あだち充／漫画『**H2**』

「まだ結婚の時機じゃない」
「妻にふさわしい女に会ったら、
それが結婚の時機よ」

アメリカ映画『**裏窓**』

＊ヘップバーンは最初の夫で俳優のファーラーと離婚後、精神科医ドッティと再婚する。ドッティの浮気とヘップバーンの不倫を経て離婚するが、いずれの結婚も子供に恵まれ、幸せだったようだ。

これは手紙ではありません。
少しの間、
あなたを抱きしめている腕なのです。

ニュージーランド出身の小説家／**キャサリン・マンスフィールド**

あなたはもう負けよ。
わたしの部屋へ
はいってきたんだもの。

手塚治虫／漫画『**人間昆虫記**』

秘密を共有すると
親しくなれるわ。

アメリカ映画『**目撃者**』

激しく恋をしている時は、
自分に恋をしているのか、
相手に恋をしているのか、
よく考えなさい。

ユダヤの格言

「前の彼氏から次の彼氏に行くときって、
ちょっと一瞬かぶりますよね」
佐野洋子「あら理恵子ちゃん、それはね、『の
りしろ』といって、数えなくてもよくってよ」*

漫画家／**西原理恵子**

*西原理恵子の著作『ことばの劇薬』の一節。『百万回生きたねこ』で知られる絵本作家、佐野洋子と対談した時のやりとりだ。感動した西原は「のりしろも3つや4つあっていい」と述べている。

相手に「愛しているなら」と強要するな。
愛は何かと取り引きできるものではない。

アメリカの教育学者／**レオ・バスカリーア**

ほどほどに愛しなさい。
そのような恋こそ
長続きする。

イギリスの劇作家／**シェイクスピア**

女とパリは
留守にしては
だめだ。

フランス皇帝／**ナポレオン**

女ちうもんは気の毒なもんじゃ。
女は男の気持になって
いたわってくれるが、男は
女の気持になってかわいがる者が
めったにないけえのう。
とにかく女だけは
いたわってあげなされ。

民俗学者／**宮本常一**＊

どんな女でもいいのです。
心底から私を有頂天《うちょうてん》にさせてくれる、
身も世も忘れさせてくれるような女なら、
どんな女でもいいのです。

小説家／**永井荷風**

＊宮本常一は日本各地で民間伝承や個人のライフヒストリーの聞き書きを行い、成果を『忘れられた日本人』にまとめた。この言葉も同書所収で、「盲目のばくろう」と称する男の一人語り。

愛し合わなくなった時に、
愛し合ったことを恥ずかしく思わない人は、
めったにいない。

フランスのモラリスト／**ラ・ロシュフコー**

何かを失い始めると、
急スピードですべてを
失ってゆくのね。

イギリス出身の歌手、女優／**ジェーン・バーキン**

希望を持ったり不安になったり
することがなくなると、
たちまち恋は息絶える。

フランスのモラリスト／**ラ・ロシュフコー**

失恋があるからこそ、
人生って素晴らしくなるのよ。
ただし五年後の話だけど。

アメリカのジャーナリスト／**フィリス・バッテル**

忘れること、それが
最上の治療法であり、恋人との
愛をつなぐエチケットです。

小説家／**宇野千代***

＊宇野千代は、作家の尾崎士郎や北原武夫、梶井基次郎、画家の東郷青児など多くの男性と恋愛、同棲、結婚を繰り返した。編集者、着物デザイナー、実業家などの顔もある才女。

愛して失っても、
まったく愛さないよりいい。

イギリスの詩人／**テニスン**

愛する人との別れの痛みは、
あなたがあなた自身と人々を
理解することの始まりです。

アメリカの女優／**シャーリー・マクレーン**

片想いでもいいの。
二人分愛するから。

アメリカ映画**『荒野を歩け』**

長続きする
たった一つの
愛の形は片想い。

アメリカ映画**『ウディ・アレンの影と霧』**

なんとなく好きで、
その時は好きだとも
言わなかった人のほうが、
いつまでも
なつかしいのね。
忘れないのね。＊

小説家／**川端康成**

＊川端康成の名作『雪国』の中の芸者、駒子のセリフ。言葉の前には「私なんかまだ子供ですけど、いろんな人の話を聞いてみても」とあり、後には「別れたあとってそうらしいわ」と続く。

セックスアピールのうち五〇%は、あなたが本当に持っているものだけれど、残りの半分は、まわりの人があなたの中につくり上げるものなのよ。

イタリアの女優/**ソフィア・ローレン**

セックスがなくても誰も死なない。死ぬのは愛を失った時。

カナダの作家、フェミニスト/**マーガレット・アウトウッド**

女の運命を第一に気にするのが恋で、自分の欲望を満たそうとばかりするのが肉欲だ。

小説家/**武者小路実篤***

情事は革命のようなもの。はじめだけがおいしい。

アメリカの脚本家/**ハワード・サックラー**

彼氏をこらしめるためにセックスでおあずけを食わすな。彼女をなだめるためだけに「うん、いいよ」と言うな。

アメリカの著述家/**グレゴリー・ゴデク**

*武者小路実篤は若くしてトルストイに傾倒し、自己と社会の改造という理想を実現するために「新しき村」を創造した。素朴な生命讃歌、人間讃歌を感じさせる多くの絵も残している。

絵と女性は、
キャンドルの光のもとで
評価するな。

イタリアの格言

女に感心させるな。
これから先ずっと、その基準を
維持することを期待される。

アメリカのコメディアン／W・C・フィールズ

結婚したほうがよいでしょうか、それとも、しないほうが
よいでしょうかと訊ねられた時、「どちらにしても
君は後悔するだろう」とソクラテスは答えた。

ギリシャの哲学史家／ディオゲネス・ラエルティオス

結婚とは魔法の箱のようなものだ。
外にいる者は入りたがり、
中にいる者は出たがる。

イギリス映画『ドン・ファン』

結婚は戦場であって、
バラ園ではない。

イギリスの小説家／ロバート・L・スティーヴンソン＊

＊スティーヴンソンは10歳年上で２人の子持ちだった妻と生涯連れ添った。その妻と話しながらワインの栓を抜いていた時に脳溢血の発作で死亡。代表作に『宝島』『ジキル博士とハイド氏』など。

「この人となら一緒に暮らせる」
と思う相手と結婚してはいけません。
「この人と一緒じゃなければ生きられない」
と思える相手と結婚しなさい。

アメリカの宗教指導者／**ジェームス・ドブソン**

悪い夫を手に入れる女性は大概結婚を
急ぎ過ぎた人です。よい夫を得られるなら
いくら結婚が遅れても
おそ過ぎることはありません。

イギリスの小説家、ジャーナリスト／**デフォー**＊

結婚なんてね、若い時にしとかなきゃダメなの。
物事の分別がついたら、
あんなことできないんだから。

女優／**樹木希林**

その女性がもしも男だったら
友だちに選んだだろう、
と思える女性を妻にしなさい。

フランスのモラリスト／**ジョセフ・ジュベール**

取り柄はその男の愛だけだという
男とは結婚するな。魅力的では
あるが、一人前の男にはなれない。

アメリカのフェミニスト／**スーザン・ストライカー**

＊デフォーには経済学者の側面があり、代表作『ロビンソン・クルーソー』も彼の経済観を反映している。
マルクスやマックス・ウエーバーも「経済人ロビンソン」について言及している。

女は、
母親を嫌う男と
結婚すべきでない。

アメリカの作家、ヘミングウェイの元妻／**マーサ・ゲルホーン＊**

「愛してます」と
「結婚してください」を
言い間違えるな。

アメリカの作家／**クリーブランド・エイモリー**

妻をネタにしたジョークは決して言うな。
これ以上に悪趣味なことはない。
妻は尊敬できる男を求めているのだ──自分を見下す男ではなく。

アメリカの自己啓発作家／**ジグ・ジグラー**

「いいことがある。
僕たちは結婚しよう」
「もっといいことがあるわ。
結婚しないでおきましょう」

アメリカ映画**『ジョルスン物語』**

正義はよいものだ。
しかし、誰も家庭では
それを望まない。

マルタの格言

＊ゲルホーンは従軍記者としての評価が高く、当時の世界の主要な紛争のほぼすべてを報道した。ヘミングウェイは彼女が取材で長く家を空けることに怒り、それが離婚の原因になったという。

決して夜に口ゲンカをしちゃだめ。
ぐっすり眠れなくなるし、
どうせ朝になるまで
何も解決できないのだから。

J・F・ケネディの母／**ローズ・ケネディ**

夫を信頼し、夫を敬愛し、
できるだけたくさんのものを
自分名義にしておきなさい。

アメリカのコメディアン／**ジョーン・リバース**

男が妻に望むのは、
ただの同棲者でもなく子供の母親でもない。
世の中の荒波をともに乗り切る相棒なんだ。

アメリカ映画**『紳士協定』**

結婚前、男はあなたの言った言葉を夜中に
あれこれと考えて一晩眠れずに過ごすが、
結婚後は、あなたの話がまだ終わらない
うちに眠ってしまうものなんです。

アメリカのジャーナリスト／**ヘレン・ローランド**

五十六十の堂々たる紳士で、
女房がおそろしくて、うちへ帰れないで、
夜なかにそとをさまよってるのは、
いくらもいるんだよ。

小説家／**川端康成**＊

＊川端康成は第六次『新思潮』や『文芸時代』を創刊、斬新な表現によって新感覚派と呼ばれ、プロレタリア文学と並ぶ昭和初期の文学潮流を形成した。この言葉は戦後の代表作『山の音』の一節。

やはり絶体絶命の境に落ち込んだ時に、
心底から力になり合えるのは
夫婦だけである。

伊藤忠商事元会長／**越後正一**

二人が睦《むつ》まじくいるためには
愚かでいるほうがいい
立派すぎないほうがいい

詩人／**吉野弘**

「祝婚歌」という詩の冒頭部分。「風に吹かれながら／生きていることのなつかしさに／ふと　胸が熱くなる／そんな日があってもいい／そして　なぜ胸が熱くなるのか／黙っていても／二人にはわかるのであってほしい」と結ばれている。

夫婦の愛情ってものは、
お互いがすっかり鼻についてから、
やっと湧き出してくるものなんです。

イギリスの詩人、劇作家／**オスカー・ワイルド**

朝夕の食事は
うまからずともほめて
食うべし。

仙台藩主／**伊達政宗***

おいしいと言うかわりに
あの人は
おかわりしてくれた。

ヤマサ醤油「鮮度の一滴」コピー

＊伊達政宗は傑出した文化人でもあった。戦国時代には兵糧開発に力を注ぎ、その延長線上で戦国終結後は美食追求家になった。「馳走とは主人自らが調理してもてなすことだ」とも語っている。

子供は最初、親を愛するが、しばらくすると親を裁き、許すことはまずめったにない。

イギリスの詩人、劇作家／**オスカー・ワイルド**

君が君の両親を取り扱うように、やがて君の子供は君を取り扱う。

古代ギリシャの哲学者／**タレス**

子孫のために計画を立てる場合、美徳は相続されないということを忘れてはならない。

イギリス出身の政治思想家／**トーマス・ペイン***

ちゃんとものが言えないから泣いているのである。言えるくらいなら泣きはしない。

フランス文学者／**多田道太郎**

子供に夢を持たせたければ、大人こそ夢を持て。

元プロレスラー／**アントニオ猪木**

＊ペインは独立前の米国で『コモンセンス』を書き、世論を大いに啓発した。欧州に戻った後もフランス革命を支持するなど活躍したが、再渡米した頃にはもう忘れられた存在になっていたという。

子供は親の言うとおりに育つものじゃない。親のするとおりに育つんだ。

放送作家、エッセイスト／**永六輔**

だいたい子どもというものは、「親の目が届かないところ」で育っていくんです。

心理学者／**河合隼雄＊**

教育において第一になすべきことは、道徳を教えることではなく、人生が楽しいということを体に覚え込ませてやることなのである。

哲学者／**永井均**

自信に満ちた人は子供に信用されない。むしろ自信がないことを隠さない方が耳を傾けてもらえる。

小説家／**多和田葉子**

子供には批評よりも手本が必要だ。

フランスのモラリスト／**ジョセフ・ジュベール**

＊河合隼雄は日本初のユング派精神分析家。砂箱の中に人や乗り物などのミニュチュアを並べて何かを表現することで精神のバランスを回復させる「箱庭療法」を普及させた。文化庁長官も務めた。

親に迷惑をかけた、苦労をかけたと思う者は、
いま、お父さんお母さんが隣におられる
から、その手ば握ってみろ。その手がねえ!
十八年間おまえたちを育ててきた手だ。

高校教育者／**大畑誠也**

息子に
素晴らしいチャンスを与えることが、
父親の務めである。

イギリスの小説家／**ジョージ・エリオット**

息子が十歳になるまではよき教師であれ。
二十歳になるまではよき父であれ。
そして生涯を通じては最良の友人であれ。

ブルネロクチネリ創業者／**ブルネロ・クチネリ**

世界でいちばん有能な先生によってよりも、
分別のある平凡な父親によってこそ、
子供は立派に教育される。

フランスの思想家、哲学者／**ルソー***

父は、人が与えることのできる
最高の贈り物を私にくれました。
私を信じてくれたのです。

アメリカのバスケットボールコーチ／**ジム・バルバーノ**

*ルソーは著書『エミール』で、子供を知ることから教育は始まると説いた。当時、子供は未熟な大人と考えられており、同書は子供の権利宣言といえたが、出版後すぐ発禁処分とされてしまった。

父親が子供たちのためにできる最も大事なことは、彼らの母親を愛することだ。

ノートルダム大学元学長／**セオドア・ヘスバーグ**

父は子のために隠し、子は父のために隠す。直《なお》きことその中にあり。

儒教創始者／**孔子**

ある村で正直者が「迷い込んできた羊を盗んだのは私の父だ」と証言した。話を伝え聞いた孔子はこう述懐した。「その正直さは筋違いだと思う。子と父は互いに罪を隠し、かばい合うのが情《じょう》。親子の間では道理よりも情愛が大事だ。その愛の中でこそ本当の正直さが育つのだ」と。

母は
舟の一族だろうか。
こころもち傾いているのは
どんな荷物を
積みすぎているせいか。

詩人／**吉野弘**

ママっていうのはね、かんたんに
ひょいひょい消えちゃうもんじゃないのよ。
ちゃんとさがしたら、きっと、
どこかのすみっこにいるものなの。

フィンランドの作家／**トーベ・ヤンソン**

空の星になれないなら、
せめて
家庭の灯になりなさい。

イギリスの小説家／**ジョージ・エリオット＊**

＊エリオットはヴィクトリア朝を代表する小説家の一人。ジョージという男性のペンネームを用いているが、実は本名をメアリー・アン・エバンズという女性である。

「それを買うお金はない」と言う代わりに、「どうやったらそれを買えるようになるか」を考える。

アメリカの投資家、作家／**ロバート・キヨサキ**

貧乏は恥ではない。
しかし
名誉だと思うな。

ユダヤの格言

できれば誠実な方法で、
あるいはそうでなくとも、
とにかく金を稼げ。

古代ローマの詩人／**ホラティウス***

金ができるということは、
時間ができるということだ。

フランスの小説家／**カミュ**

多額のお金が
からんでいるところでは、
誰も信用しないのが賢明です。

イギリスの小説家／**アガサ・クリスティ**

*ホラティウスは物欲を諸悪の根源とする倫理的な態度を貫き、俗世に染まらないことを理想とした。一方で、政治にも強い意欲を示している。俗人でもなく脱俗でもない中庸の人だったのだろう。

お金を出しすぎると、
知恵が出にくくなる。

精神科医／**斎藤茂太**

儲けた金には
損がついて回る。
貯めた金には信用がつく。

相場師、山種証券創業者／**山崎種二**

つまらないところに毎日行くよりも、そのお金を貯めておいて、
いい店を一つずつ、たとえ半年ごとでもいいから覚えて行くことが
自分の身になるんですよ。

小説家／**池波正太郎**

お金しか持っていない
貧しい人たちもいる。

アイスランドの格言

収入は靴のようなものだ。
小さすぎれば我々を締めつけ、
大きすぎればつまずきや
踏み外しの原因となる。

イギリスの哲学者／**ジョン・ロック***

＊ロックは17世紀の英国を代表する哲学者で、英国経験論の父、自由主義の父と呼ばれる。後世へも大きな影響を及ぼし、「17世紀に身を置きながら18世紀を支配した」と評されている。

金を稼ごうと思ったら、
金を使わなければならない。

古代ローマの喜劇作家／**プラウトゥス***

金銭は肥料のようなものであって、
ばらまかなければ役には立たない。

イギリスの哲学者、政治家／**フランシス・ベーコン**

貧乏人は安いものが好きだ。
そして金持ちは
貧乏人よりさらに安いものが好きだ。
だから金持ちになったんだ。

マツモトキヨシ創業者／**松本清**

欲しいと思うものを買うな。
必要なものだけを
買いなさい。

古代ローマの政治家／**カトー**

お金で貴いものは買えないと言う。
そういう決まり文句こそ、
貧乏を経験したことのない何よりの証拠だ。

イギリスの小説家／**ギッシング**

＊プラウトゥスは劇場で働いて金を蓄えたが事業の失敗で一文なしになり、やむなく粉ひき屋の手伝いをしながら創作を始めたという言い伝えがある。作品は死後にも人気を博した。

手持ちの二五％以上のお金を借りて使ったことはない。一万ドルしか持っていないのに百万ドルがあったらいいなと思うようなアイデアが浮かんだ時もそうだった。

アメリカの投資家／**ウォーレン・バフェット**

お金で愛は買えないけれど、交渉の立場は改善される。

イギリスの劇作家、詩人／**クリストファー・マーロウ***

金は転がるために丸い。

北欧の格言

幸福はお金で買えないと言った人々は、どこで買えばいいのか知らなかったのだ。

アメリカの美術収集家、著作家／**ガートルード・スタイン**

貸すならば、なくしても惜しくないほどの額を貸すことだ。

イギリスの詩人／**ジョージ・ハーバート**

*マーロウは無韻詩の手法で早くから戯曲を発表、活躍して同年生まれのシェイクスピアにも影響を与えたとされる。30歳の若さで、詐欺師に刺殺されるという謎めいた死を遂げた。

人は通常、
金を貸すことを断ることによって
友を失うのでなく、
金を貸すことによってたやすく友を失う。

ドイツの哲学者／**ショーペンハウアー**

保証人とならば
破滅は近きにあり。

古代ギリシャの格言

底値で買おうとするな。
常に早すぎるぐらいで売れ。

アメリカの投機家／**ジェシー・リバモア***

相場に勝つ必要はありません。
勝たなければならない相手は
私自身、自分の中の感情の起伏です。

アメリカの投機家／**ジェシー・リバモア**

相場で負けると、私たちは不況などの偶然を原因にしたがる。だが、真の原因は欲にかられて平常心を失い、売買にのめり込んだ自分なのだ。リバモアは「考えをめぐらすことで金が儲かるわけではない。ひたすら待つことで金が手に入る」とも言った。熱くならずに好機を待つことだ。

投機の流行を追うな。多くの場合、
買い最高のタイミングは、
誰も見向きもしない時だ。

イギリス出身の投資家／**マックス・ギュンター**

＊リバモアは15歳で投機の道に入り「ウォール街のグレートベア」と呼ばれるほどの大儲けと4度の破産を繰り返した伝説の人物。晩年にはうつ病を患い、ピストル自殺した。

上げ相場で
儲けたからといって、
自分の才覚だと思うな。

ウォール街の格言

他人が貪欲になっている時は
恐る恐る。
他人が怖がっている時は貪欲に。

アメリカの投資家／**ウォーレン・バフェット**

分散投資にこだわるあまり、
よく知りもしない会社に投資するほうが
はるかに危険だ。

アメリカの投資家／**フィリップ・フィシャー**

何年か一度、
必ず暴落は訪れる。
これだけは忘れないで頂きたい。

投資家、元将棋棋士／**桐谷広人**

知っているものに
投資すべきである。

アメリカの投資家／**ピーター・リンチ***

*リンチはマゼランファンドの運用で1977年から13年間で平均29％もの年間リターンを実現して、レジェンドと称えられた。テンバガー（株価急上昇銘柄）という言葉を金融用語にした人物でもある。

直感と希望を混同するな。

イギリス出身の投資家／**マックス・ギュンター**

「まだ、まだ」と思う心は、おのれの欲が言わせることで、現実は「もう」なのだ。

相場師／**是川銀蔵**

是川銀蔵の人生は波乱万丈で「最後の相場師」と呼ばれた。「相場は人間の希望通りには決していかず、逆に逆に出るものである。希望的観測は必ず裏切られる運命にあることを忘れてはならない」とも戒めている。「まだはもうなり。もうはまだなり」という相場の金言通りなのだ。

途方もない価値のものに出くわした時は、一歩引き下がって、何かがおかしいのではないかと自分自身に聞いて見ること、立ち止まって考えてみることだ。

投資家、クォンタム・ファンド創設者／**ジム・ロジャーズ***

「安いから」といって物を買うな。結局は高くつく。

第三代アメリカ大統領／**トーマス・ジェファーソン**

まずまずの企業を素晴らしい価格で買うよりも、素晴らしい企業をまずまずの価格で買うほうが、はるかに良いのです。

アメリカの投資家／**ウォーレン・バフェット**

*ロジャーズは機動的な投資手法を得意とする。株価上昇で利益が出るロング（買い）と、株価下落で利益が出るショート（空売り）を状況に応じて変則的に入れ替えるのだ。

長期的に投資に成功するための道は、
やみくもにリスクをとることではなく、
リスクをコントロールすることにある。*

アメリカの投資家／**ハワード・マークス**

みんながあなたと正反対の考えで
あろうとも、そのことと
あなたの判断の成否とは無関係だ。

アメリカの経済学者／**ベンジャミン・グレアム**

グレアムはコロンビア大学で教え、バフェットなど多くの人材を育てた。ウォールストリートの長老と言われる投資家でもあり、企業の実態に比べて株価が割安な銘柄に投資する「バリュー投資」の父として著名（これに対し企業の成長性に着目して銘柄を選ぶ方法を「グロース投資」と言う）。

第六感を無視するな。
だが、
それだけで十分と思うな。

アメリカのジャーナリスト／**ロバート・ヘラー**

個人投資家は、絶妙なタイミングで
一社の株を何度かに分けて買って、
あとはどっしり構えているほうが
ずっと利口です。

アメリカの投資家／**チャーリー・マンガー**

たった今から、
収入の一割の貯金をしたまえ。
自分で苦労したタネ銭がなくては、
芽も出てくるまい。

ホテルニューオータニ創業者／**大谷米太郎**

＊マークスが言う最大のリスクは「高価格」だ。相場全体や購入銘柄が高くなりすぎている時の買いは慎重に。利益を求めるあまり「絶対にもっと値上がりする」などと勝手に即断しないことだ。

名言大誤解

お金持ちの時もあったし、貧乏の時もあったけれど、お金持ちの時のほうがよかった。

アメリカの編集者／**カウフマン**

誰が発言しても「その人らしい」と思わせる名言

名言には、誰の発言だったとしても「確かにその人ならではの言葉だね」と納得してしまうものがある。これもそんな「普遍的名言」の一つだろう。仮に島田洋七の小説『佐賀のがばいばあちゃん』にある言葉だと言われても、信じてしまいそうだ。

欧米でも長年、コメディアンのソフィー・タッカーの言葉だと信じられてきたようだ。一方で、人種差別や薬物依存症と戦い続けたジャズ歌手ビリー・ホリディの言葉だという説もあった。なるほどである。

さらに、ギャングに喉と舌を切られながら歌手人生をまっとうしたジョー・E・ルイスが言ったという説、マフィアと関係が深く浮沈の人生を送った歌手フランク・シナトラのセリフだという説もあって諸説紛々だったようだ。

実際は、アメリカの編集者で「ニューヨークで最も機知に富んだ女性の一人」と言われたベアトリーチェ・カウフマンの言葉。ある舞台俳優に映画出演の依頼があった。迷う俳優にカウフマンは「引き受けたほうがいいわよ。出演料は大きいもん」とアドバイスし、「私はお金持ちの時もあったし……」と続けたのだという。

第4章

どんな逆境でも希望が湧く名言

人生の危機はさまざまな形でやってきます。不運。環境の悪化。失敗。心が折れた。解決策もさまざまです。行動する。視点を変える。自信を取り戻す。休んで待つ。本章では、それら１つ１つに対応する名言に出会えます。人生の一陽来復は、言葉による危機管理から始まります。

運は人の後ろから一定の速度でやってくる。
今走り出した運はまだ君に追いつけない。

元丸紅社長／**春名和雄**

運命っていうけどさ、
運と命は違うものです。
命は決められたものです。
運は自分で決めることができます。

放送作家、エッセイスト／**永六輔**

実のところ、
私たちが運命と呼ぶものは気質である。
気質は変えることができる。

フランス出身の作家／**アナイス・ニン***

運命の女神は待つよりも、
迎えに行くほうが
早く確実に出会える。

ペルシャの格言

賢者は
自らチャンスをつくり出す。
見つかるまで待つことは少ない。

イギリスの哲学者、政治家／**フランシス・ベーコン**

*ニンは性愛小説家として知られる一方、60年以上書きつづった日記の出版でも著名。作家ヘンリー・ミラーをはじめ、多くの作家、芸術家、心理分析家と交際し、時には愛人になった。

運と力は、切っても切れない関係にある。運がめぐってきたら、やり遂げる力がいる。また、運がつくまで待つ力も必要だ。

アメリカの小説家／**マリオ・プーゾ***

幸運とはチャンスに対していつでも準備ができていることである。

アメリカの民俗学者／**フランク・ドービ**

運命に満潮と干潮があり、この潮勢を機敏にとらうる者のみがよく幸福の彼岸に達する。

日本興業銀行元頭取／**中山素平**

一生懸命やればやるほど幸運に恵まれることを、私は発見した。

第三代アメリカ大統領／**トーマス・ジェファーソン**

チャンスがあなたのドアを二度ノックすると思うな。

フランスのモラリスト／**シャンフォール**

*プーゾは特にマフィアを描いた作品で知られる。中でも『ゴッドファーザー』はベストセラーとなり、映画化されてアカデミー作品賞など数々の栄誉に輝いた。

人生が自分に配ったカードは、ただ受け入れるしかない。
しかし、手もとに来たカードの使い方を決め、
勝機をつかむのは自分自身である。

フランスの啓蒙思想家／**ヴォルテール**

進んで汚れ役だとか、
苦労だとかを買って出る人、
急がば回れという生きざまを持つ人に
運がついてくる。

伊那食品工業元社長／**塚越寛**

若いころにモテなくて、
あまり遊んでいなかったから、
あれほど仕事を大切にすることが
できたのかもしれない。

漫画家／**やなせたかし**

自転車を盗られた日　猫を拾った
傘をなくした日　虹を見つけた
風邪を引いた日　花をもらった

詩人／**平田俊子**

人生とはおもしろいものです。
何か一つを手放したら、
それよりずっといいものが
やってくるものです。

イギリスの小説家／**サマセット・モーム**＊

＊モームはパリ生まれで英語がうまく話せず、劣等感に悩む少年時代を送っている。だが作家生活に入ってからは次々とヒット作を書き、短編集や劇作でも成功を収め、名声と富に恵まれた。

その時は不幸だと思っていたことが、
後で考えてみると、
より大きな幸福のために必要だった
ということがよくあるの。

ピアニスト／**フジコ・ヘミング**

ある日の真実が、
永遠の真実ではない。

キューバの革命家／**チェ・ゲバラ**

物事てえものは、
うれしい前には決まって心配事や
悲しいことがあるんです。

落語家／**古今亭志ん生**

運命は車輪のようなもので、
くるくると回りつつ、
同じ者がいつまでも幸運であることを
許さぬものです。

古代ギリシャの歴史家／**ヘロドトス**＊

人生は食パンのような普通の年が
多いが、ハムや辛子《からし》の年もある。
辛子も一緒に噛みしめなきゃならん。

フランス映画**『サンドイッチの年』**

＊ヘロドトスは膨大なデータと叙述力によって「歴史の父」と呼ばれる。文献や聞き書きによる調査のほか、東方世界を広く旅行して各地の人間模様、大小の伝承を直接取材した。

中国語では「危機」という言葉は
二つの漢字でできている。
一つは危険、もう一つは好機である。

第三十五代アメリカ大統領／**J・F・ケネディ**

危険はまぎれもなく現実のものだ。
だがそれを恐れるかどうかは、
自分自身で決めることだ。

アメリカ映画**『アフター・アース』**

危険が迫ってきた時は背中を見せて逃げるな。
危険が二倍になる。しかし、
ひるむことなく断固として立ち向かえば、
危険は半分になる。

元イギリス首相／**チャーチル**

現在の難儀も、いつの日か
よい思い出に
なるであろう。

古代ギリシャの詩人／**ホメロス***

叙事詩『オデッセイア』の中の言葉。英雄オデッセイアはトロイ戦争後、海神ポセイドンの怒りに触れて海上を長くさまよう。あまりに難儀が続くので、つき従った兵士たちが絶望した時にオデッセイアが激励した言葉だ。「さればわれら一同心を合わせ……」と団結を促している。

滝壺《たきつぼ》に呑まれた時には、息をつめて
沈むだけ沈んでゆく度胸が肝要です。
沈む流れは、
かならず浮かぶ流れに変わるのですから。

ジャーナリスト／**森恭三**

*ホメロスの二大叙事詩『イリアス』『オデッセイア』は古代ギリシャ・ローマ文化に多大な影響を与え、単に「詩人」と言えばホメロスを指すほどだった。だが、彼の生涯は生没年すら不明である。

どんな荒れ狂う
嵐の日にも
時間はたつのだ。＊

イギリスの劇作家／**シェイクスピア**

運の悪い人というのは、自分を棚に上げて
人の批判ばかりしています。
そういう人は、
知らず知らずに運を悪くしています。

京セラ創業者、ＫＤＤＩ創業者／**稲盛和夫**

自分に起こった問題を
環境のせいにする癖をやめねばならない。
自分の意志で、信念と道徳に基づく道を取るべきだ。

ドイツ系の医師、神学者／**シュヴァイツァー**

人生にはおもしろくないことがたくさん
起こる。それはすべて自分に責任がある。
何かを気づかせるために起こる
ということを知っておいたほうがいい。

パナソニック創業者／**松下幸之助**

良いことを思えば良いことが起きます。
悪いことを思えば悪いことが起きます。
これが潜在意識の法則です。

アメリカの牧師／**マーフィー**

＊戯曲『マクベス』のマクベスの言葉。マクベスに父親を殺されて復讐に立ち上がる息子マルカムが「どんなに長い夜も必ず明けるのだ」と別の場面で同様の言葉を言うのも印象的だ。

幸福になりたければ、
「あの時ああしていれば」と言う代わりに、
「この次はこうしよう」と言うことだ。

アメリカの精神科医／**スマイリー・ブラントン**

ブラントンは積極行動で未来を変えようと説き続けた。「間違いを犯さなかった者が何かを発見したことは決してない」「困難や災禍こそが人を鍛える。富貴、福運は初めは味方のようだが、いつか最大の敵となる」「好機が来なかったら自分で好機をつくり出せ」などの名言も残している。

自分はできると信じなさい。
そうすれば
目標は半ば達成される。

第二十六代アメリカ大統領／**セオドア・ルーズベルト**

快活に考え、
行動すれば、
自然に愉快になる。

アメリカの自己啓発作家／**デール・カーネギー**

「よし、朝だ！」と言うのも、
「あーぁ、朝か」と言うのも、
あなた次第だ。

アメリカの自己啓発作家／**ウェイン・ダイアー**＊

人間の心は放っておくと、
九割は否定的方向に傾いてしまいます。
だから常に肯定的思考を
身につけなければなりません。

アメリカの牧師／**マーフィー**

＊ダイアーは人間心理学の提唱者A・マズローの自己実現説を発展させ、個人の意識革命を唱えた。孤児院で育ち、当初はひたすら出世を目ざしたが、霊的世界に目覚めて自己啓発作家に転じた。

起きるはずのないことではなく、
起きるはずのことに基づいて判断してください。

オバマ大統領の妻、法律家／**ミシェル・オバマ**

あたしは人を救うことなんて
できやしないけど、
自分くらいなら救える。
あたしはせめてあたしのことを救おう。

いくえみ綾／漫画『**潔く柔く**』

頂上への楽な道などない。
それなら自分なりに
ジグザグに登ればいい。

アメリカの社会福祉事業家／**ヘレン・ケラー**

何事も小さな仕事に
分けてしまえば、
特に難しいことなどない。

マクドナルド創業者／**レイ・クロック**

敗北を語るな。
希望、信念、信仰、
勝利といった言葉を使え。

アメリカの牧師／**ヴィンセント・ピール＊**

＊ピールは世界で500万部売れた『積極的考え方の力』で、積極思考の概念を普及させた。ニクソン大統領の友人であり、レーガン大統領からは神学への貢献によって大統領自由勲章を受けている。

休み明けの月曜日はつらいかもしれません。しかし、早まって電車に飛び込まないでください。そういうときは反対側のホームに行き、逆方向の電車に乗ることです。

編集者／**末井昭**

「おだやかな人生なんて、あるわけがないですよ」スナフキンが、わくわくしながらいいました。

フィンランドの作家／**トーベ・ヤンソン**

負い方ひとつで重荷も軽い。

イギリスの小説家／**フィールディング***

人の世に道は一つということはない。道は百も千もある。

幕末の志士／**坂本竜馬**

失敗はイヤというほどしたほうがいい。そうするとバカでない限り、骨身にしみる。判断力、分別ができてくる。これが成長の正体だ。

元首相／**田中角栄**

＊フィールディングは当初劇作で活躍したが、政治風刺を恐れた政府が多くの劇場を閉鎖したために頓挫。法律を学んでロンドンの判事となり、いわば裏芸として小説を執筆して名を成した。

私は人生で
何度も失敗してきた。
だから成功した。

アメリカの元プロバスケットボール選手／**マイケル・ジョーダン**

ヘイトレターを捨てずに取っておきました。
壁に貼って、ことあるごとに読み返し、
なにくそ、こんなことに負けるもんかと、
逆にゴルフのエネルギーへ転化したのです。

アメリカのプロゴルファー／**タイガー・ウッズ**

前向きにもがき苦しむ経験は、
すぐに結果に結びつかなくても、
必ず自分の生きる力になっていく。

元プロ野球選手、監督／**落合博満**

人生は失敗に学んで、生き方を
変えることができる。そうすれば、
運の良し悪しだって変えられるのよ。

アメリカ映画『**月の輝く夜に**』

苦しい時には
自分よりもっと不幸な男が
いたことを考えよ。

フランスの画家／**ゴーギャン***

＊ゴーギャンは象徴主義芸術の旗手の一人だが、たびたび貧困に陥り、病気に苦しんだ。ゴッホとの希望に満ちた共同生活にも破れ、自殺未遂も経験している。

雨は一人だけに
降り注ぐわけではない。

アメリカの詩人／**ロングフェロー***

自分だけつらいと思うのはよそう。
形は違っても
「大変」は人の数だけあるんだもの。

戸部けいこ／漫画『**光とともに…自閉症児を抱えて**』

踊りにでも行くのよ。
ダンスフロアの上では、
嫌なことなんか考えられないでしょ。

アメリカの女優／**サンドラ・ブロック**

スランプになったら、
よく食って、よく眠って、
ただ待っているんだ。

文芸批評家／**小林秀雄**

僕なら、
気分が滅入っている時は、
木立《こだち》を歩くね。

イギリス出身のミュージシャン／**スティング**

＊ロングフェローは人生を大らかに肯定する詩風で米国で最も人気を博した詩人の一人。感傷的、教訓的な内容が多いが、明治時代の日本でもよく読まれた。

疲れた人は、しばらく道ばたの草に腰をおろして、行く人を眺めるがよい。人は、決してそう遠くへは行くまい。

ロシアの小説家／**ツルゲーネフ**

クリエイティブな人々の多くは、仕事から距離を置く時間を意識的につくるものだ。創造力は、休んだり、別のことを考えている間に高まるからである。疲れた時に焦ってはいけない。「人生という試合で最も重要なのは、休憩時間の得点である」とナポレオンも言っている。

人間、しばらく眠るのもよいと思う。ただし活眼を開いて眠っていよ。

出光興産創業者／**出光佐三**

さあ、俺も立ち上がるかな。まあ、もう少し坐っていよう。

小説家／**武者小路実篤**

ジャンプする前には身をかがめる必要がある。

新日本製鐵元会長、経団連元会長／**稲山嘉寛**

今日は今日の悔《くい》を残して眠るべし
眠れば明日があり闘いがある

歌人／**山崎方代**＊

＊山崎方代は太平洋戦争で右眼を失明。復員後は定職を持たず、各地を放浪しながら日常の言葉で人生や故郷を詠った。代表作に「ある朝の出来事でした　こおろぎが　わが欠け茶碗とびこえゆけり」。

どこまで行けるかを知る方法はただ一つ。
出発して歩き始めることだ。

フランスの哲学者／**ベルクソン**＊

暗闇を呪うくらいなら、
ろうそくに灯をともしましょう。

F・ルーズベルト大統領の妻、婦人運動家／**エレノア・ルーズベルト**

あなたが始めるべきだ。
他人がどうかなど
考えることなく。

オーストリアの精神医学者／**アドラー**

悲しむことはない。
今の状態で何ができるかを考えて、
最善を尽くすことだ。

フランスの哲学者／**サルトル**

できないことに
気を取られずに、
できることをやりなさい。

アメリカのバスケットボール指導者／**ジョン・ウッデン**

＊ベルクソンはフランス唯心論の大成者。カント哲学に抗して実在論を主張した独創的思想家。最高の知識人として数々の名誉を受けながら、常に無欲、献身的であり清貧を貫いた。

一歩踏み出せるなら、
もう一歩も踏み出せる。

フリークライマー／**トッド・スキナー**

行動は勇気を生み出す。恐怖心を克服するには、
家に閉じこもってくよくよしていてはだめだ。
外へ出て仕事に精を出すことだ。

アメリカの自己啓発作家／**デール・カーネギー**

やったことは、たとえ失敗しても、
二十年後には笑い話にできる。しかし、
やらなかったことは、二十年後には後悔するだけだ。

アメリカの小説家／**マーク・トゥエイン**＊

行動は必ずしも幸福をもたらさ
ないかもしれないが、行動の
ないところに幸福は生まれない。

イギリスの政治家、作家／**ディズレーリ**

あなたの心が正しいと思うことをしなさい。
どっちにしたって批判されるのだから。

F・ルーズベルト大統領の妻、婦人運動家／
エレノア・ルーズベルト

＊トウェインは代表作『トム・ソーヤーの冒険』で資産家となったが、浪費や投資の失敗などで破産する。しかし世界中で講演を行い、新作を執筆して借金を返済、再び資産家となっている。

自分が行動したことすべては
取るに足りないことかもしれない。
しかし、行動したというそのことが重要なのである。

インドの政治指導者／**ガンジー**

転んだらいつでも、
何かを拾いなさい。

アメリカの医師／**オズワルド・アベリー**

何もしないという事を、父が一番
厭《いや》がっていた事を私はよく覚えている。
何もしないよりはいい、と言う言葉を
幾たび私は聞いたろう。

森鷗外の次女、随筆家／**小堀杏奴**

絶望するな。
もし絶望しても、
その中で進み続けよ。

イギリスの政治思想家、政治家／**エドマンド・バーク***

事実がわかっていなくても前進することだ。
やっている間に事実もわかってくるだろう。

フォード・モーター創業者／**ヘンリー・フォード**

＊バークはフランス革命に際して批判側に回った。民主主義による水平化は良風を破壊する、英国の伝統的体制こそすべての良風を備えた文明だという彼の主張は、長く保守主義の聖典とされた。

迷ったら前へ。苦しかったら前へ。つらかったら前へ。後悔するのはそのあと、そのずっとあとでいい。

元プロ野球選手、監督／**星野仙一**

決して一分間たりとも後悔するな。時間の無駄だ。

第三十三代アメリカ大統領／**トルーマン**＊

迷った時ほど遠くを見よ。近くを見れば見るほど船酔いする。遠くまで見てみると、実はそんなものは誤差だとわかる。あらが見えてくる。

ソフトバンクグループ創始者／**孫正義**

カニのように横にはってでも、前進せよ。

グリコ創業者／**江崎利一**

進み続けなさい。期待していたことが、偶然にでもつかめるはずだ。座ったままで、偶然にチャンスを見つけたという話は聞いたことがない。

アメリカの発明家／**ケタリング**

＊トルーマンはF・ルーズベルト大統領の急死により無名のまま副大統領から大統領に昇格。ポツダム会談、日本への原爆投下、日独の戦犯裁判など第二次大戦の終結と処理に指導的役割を果たした。

みんな歩き出している。
どんな道も
いい道なのだ。

フランスの哲学者／**アラン***

簡単ではないかもしれない。
でもそれは、できないという
理由にはならないんだ。

アメリカの元プロ野球選手／**ベーブ・ルース**

頭を垂れてはなりません。
頭はいつも高く、世界をまっすぐに見るのです。

アメリカの社会福祉事業家／**ヘレン・ケラー**

もうムリだと思ってから、
もう一ラウンド闘う。
それが人生を変えるんだ。

アメリカ映画『**ロッキー4 炎の友情**』

チャンピオンとは、
立ち上がれない時に
立ち上がる人間のことだ。

アメリカの元プロボクサー／**ジャック・デンプシー**

＊アランは長く高校で教えた。その教え子で小説家となったモーロアはアランを「現代のソクラテス」と呼んで尊敬している。代表作の１つ『幸福論』では欲望や恐れから自由になる道を説いた。

途中であきらめちゃいけない。
途中であきらめてしまったら、
得るものより失うもののほうが、ずっと多くなってしまう。

アメリカのジャストランペット奏者／**ルイ・アームストロング**

怒ったまま寝ちゃだめ。
起き上がって戦うの！

アメリカの女優／**フィリス・ディラー**

今日まで生きてこられたのなら、少しくらいつらくても明日もまた生きられる。そう思って、とにかく生きてみる。そうやっているうちに、次が拓《ひら》けてくるのです。

漫画家／**やなせたかし**

心を開いて
「イエス」と言ってごらん。
すべてを肯定してみると
答えが見つかるもんだよ。

イギリスの歌手／**ジョン・レノン**

ダメな部分も抱えた
生身《なまみ》の生《せい》を、
堂々と突き進んで行って下さい。

小説家／**西村賢太**＊

＊西村賢太は父親が強盗強姦事件を起こした衝撃から不登校に。高校に進まずアルバイトをしながら私小説の道に入る。貧困、家賃滞納、暴力事件、借金と無頼な生活の末に芥川賞を受賞した。

みんな自分の能力を疑いすぎるのです。
自分で自分を疑っていては最善を尽くすことなどできないんです。
自分が信じなかったとしたら、誰が信じてくれるのでしょう？

アメリカの歌手／**マイケル・ジャクソン**

自分を好きに
なったほうがいい。
長くつき合うんだから。

アメリカ映画『**底抜け大学教授**』

必要なのは自己否定ではなく、
興味を外へ向けることである。

イギリスの哲学者、数学者／**バートランド・ラッセル**

自分に同情するな。
自分に同情するのは、
下劣な人間のやることだ。*

小説家／**村上春樹**

どんなものでも何かの役に立つんだ。
たとえばこの小石だって役に立っている。
空の星だってそうだ。
君もそうなんだ。

イタリア映画『**道**』

＊村上春樹の小説『ノルウェイの森』の中で、主人公ワタナベと同じ寮に住む先輩「永沢さん」が言った言葉。この言葉はワタナベの胸に残り、人生の節目で思い出すことになる。

欠点を直すことに
一生懸命にならない。

将棋棋士／**羽生善治**

自分自身のあら探しは
するな。

アメリカの作家／**ハーヴィ・マッケイ**

自分は大した人間ではないと思うな。
そんなことは決して考えるな。
他人からそんなものだと思われてしまう。

イギリスの小説家／**トロロープ＊**

どうして自分を責めるんですか？
他人がちゃんと必要な時に
責めてくれるんだから、
いいじゃないですか。

ドイツ出身の物理学者／**アインシュタイン**

現実に進んだ道を
「正解」にしちゃえば
いいんですよ。

落語家／**林家木久扇**

＊トロロープは有能な郵政省官吏としてフルタイムで働きつつ、15分間に250語の割合で機械的に著述するという執筆法によって、まれにみるほど多くの作品を書いた。

できるかどうか
わからないような試みを成功させる
ただ一つのものは、
まず、できると信じることである。

アメリカの心理学者、哲学者／**ウィリアム・ジェームズ***

自分が学んだことの
質を信じるんだ。
量ではなくね。

アメリカ映画『**ベスト・キッド**』

自信がない時は
相手より勝っているものを見つけろ。
相手よりも爪が伸びているということでもいいから。

将棋棋士／**加藤治郎**

自信は成功の秘訣であるが、
空想は敗事の源泉である。

三菱グループ創始者／**岩崎弥太郎**

誰かが代わりに
やってくれるだろうと望んだり、
願ったり、信じたりするな。

カナダ出身の経営コンサルタント／**ブライアン・トレーシー**

*ジェームズは哲学の実用的価値を説くプラグマティズムの創始者の一人。米国を代表する思想家。米国の哲学、心理学、文学に多大な影響を与え、それは西田幾多郎、夏目漱石らにも及んだ。

人生のどんな隅にも、
どんなつまらなさそうな境遇にも、
やっぱり望みはあるのだ。

小説家、文藝春秋社創業者／**菊池寛**

海のほかに何も見えない時に、
陸地がないと考えるのは、
決してすぐれた探検家ではない。

イギリスの哲学者、政治家／**フランシス・ベーコン**

希望的観測にとらわれすぎてもかえって希望を失う。希望と失望の境界を設けず、「あきらめようか？」と思う代わりに「何をやればいいか？」を考え続けるのが希望を保つコツだ。小説家ジードも「長い間岸を見失う勇気がなければ、新しい大陸を発見することはできない」と言っている。

「この世には何でもあるのに、
希望だけがないのね」
「我々は生きている。
これが希望というものだ」

イギリス映画『**冬のライオン**』

これだけは忘れないでくれたまえ。
生きてさえいれば、
必ず希望があるんだ。

イギリスの小説家／**ディケンズ***

我々はみな
溝に落ちているが、
星を仰いでいる者もいる。

イギリスの詩人、劇作家／**オスカー・ワイルド**

＊ディケンズは極貧で無学の境遇から身を起こし、シェイクスピアと並んで英国を代表する作家になった。カフカからトルストイ、ドストエフスキーに至る多くの文学者が彼を崇拝した。

地道にして稼いでいれば、
いつか一度はきっとまた
いい時が来ますよ。

小説家、劇作家／**久保田万太郎**

希望のない状況などない。
希望がないと考える人々が
いるだけだ。

アメリカの教育者／**ウィリアム・ウォード**

望みを持ちましょう。
でも、望みは
多すぎてはいけません。

オーストリアの作曲家／**モーツァルト**

人生はトータルだもの。
一年や二年の勝負じゃない。

元プロ野球選手、監督／**長嶋茂雄**

もし一年を通して
太陽の日と雲の日とを数えてみれば、
晴れた日のほうが多かったということがわかるだろう。

古代ローマの詩人／**オウィディウス＊**

＊オウィディウスは富裕な騎士階級に生まれ、ローマの平和と繁栄の中で才能を存分に発揮、社交界の花形となった。しかし晩年は皇帝から追放され、不遇のうちに10年を過ごして没した。

だが友よ
空が曇って来ても気にするな
雨になろうが泣き出すな
僕でさえ
男のつもりで生きるんだから
生きるつもりの男ならなおさらな
んだよ
元気を出せ

詩人／**山之口貘**

どんな高い山でも、
二本の足より
高いことはない。*

中国の格言

恐れるならやるな。
やるなら恐れるな。

モンゴルの格言

なに甘えてるんや。
自分で考えなはれ。

宮大工／**西岡常一**

事を行うに当たって、
「いつから始めようか」などと
考えた時には
すでに遅れをとっている。

古代ローマの弁論学者／**クインティリアヌス**

＊コツコツ歩けば、どんな高山でも踏破できる。人生も同じだ。克服できない困難などない、という意。一代でダメでも子の代、孫の代でやり遂げられるという中国的含意があるかもしれない。

探検家は調査をしてから、
やるかやらないかを
決めるという方法はとりません。
やると決心して調査を始めます。

化学者、登山家／**西堀栄三郎**＊

勇気は筋肉と同じで、
使うことによって
鍛えられます。

アメリカの女優／**ルース・ゴードン**

勇気ってのはな、
怖くてたまらないことを
やった後で手に入るものなんだよ。
やる前じゃなくてな。

アメリカ映画『**スリー・キングス**』

金を失うのは小さく、
名誉を失うのは大きい。
だが、勇気を失うとすべてを失う。

元イギリス首相／**チャーチル**

「名誉を失っても元々なかったと思えば生きていける。財産を失ってもまたつくればよい。しかし勇気を失ったら、生きている値打ちがない」（ゲーテ）、「お金がなくなった時には人生の半分が失われる。勇気がなくなった時にすべてが失われる」（ユダヤの格言）など、同様の言葉は数多い。

人生は勇気に比例して
縮小もすれば
拡大もする。

フランス出身の作家／**アナイス・ニン**

＊西堀栄三郎は真空管「ソラ」の開発、統計的品質管理の導入など産業界に大きな足跡を残した。さらに国内外の名峰を次々と踏破し、第一次南極観測隊の副隊長兼越冬隊長や山岳協会会長を務めた。

登山の目標は、山頂と決まっている。
しかし、人生の面白さ、生命の息吹の楽しさは
その山頂にはなく、かえって逆境の、山の中腹にある。

小説家／**吉川英治**

逆風は嫌いではなく、ありがたい。
どんなことも、逆風がなければ
次のステップにいけないから。

元プロ野球選手／**イチロー**

凧《たこ》が高く上がるのは、
風に向かっている時だ。
風に流されている時ではない。

元イギリス首相／**チャーチル**＊

空の箱にはたくさんものが入るように、
不幸な家庭に育った人は、
幸せをたくさん詰め込めます。

歌手、俳優／**美輪明宏**

厳しい環境は、
人々を餓鬼にするとともに
その心底に、
思いやりの情を育てるのかも。

小説家／**高史明**

＊チャーチルは、ナチスドイツの攻勢に追いつめられた英国を強靭な意志と雄弁によって鼓舞し、英国だけでなく反ナチス陣営全体を勝利に導いた。ノーベル文学賞を受けた文筆家でもある。

壁にぶつかったら、あきらめて後戻りするんじゃなくて、
登る方法でも、すり抜ける方法でも、回り道する方法でも、
なんでもいいから見つけるんだ。

アメリカの元プロバスケットボール選手／**マイケル・ジョーダン**

境遇は人間をつくるが、
人間も
境遇をつくるのである。

大昭和製紙創業者／**斉藤知一郎**

泣き言は言うな。
言い訳はするな。

将棋棋士／**広津久雄**

一つの扉が閉じると、もう一つの扉が開く。
だが、閉じられた扉を
悔しそうにじっと見つめていては、
別の扉が開いたことに気づかない。

イギリス出身の発明家／**グラハム・ベル**＊

悔しい、寂しい思いをしたら、
そういう思いをさせた人より
立派な仕事をしよう。

作曲家／**遠藤実**

＊電話の特許は、ベルの出願からわずか2時間後に発明家グレーも出願している。特許権争いに勝利したベルは電話社を設立。その後も聾唖教育やレコードの発明など多くの分野で活躍した。

させてもらえない不満を言う代わりに、
してよいことを次から次へと行う。

オーストリア出身の経営学者／**ピーター・ドラッカー**

人間は不平がなければ
働く意欲を失う。
不平はエネルギーである。

藤田観光創業者／**小川栄一**

不満を抱くことは、
人生に目標を持つことに
通じる。

アメリカの社会哲学者／**エリック・ホッファー***

大切なのは
何を耐えたかではなくて、
どう耐えたかである。

古代ローマの哲学者、政治家／**セネカ**

大きな壁にぶつかったときに、
大切なことはただ一つ。
壁の前でちゃんとウロウロしていること。

経済学者／**玄田有史**

＊ホッファーは正規教育を受けず、貧民窟で自殺未遂をしたほどの境遇だったが、放浪しながら独学で学問を修めた。大学教授になってからも沖仲仕の仕事をやめず、「沖仲仕の哲学者」と呼ばれた。

なにをくよくよすることがある。突きとばされて転《ころ》いだら、ついでにひとりで起きあがって歩くとこを見せてやらにゃいかん。*

小説家／**壺井栄**

困難につぶされなければ、人はその経験によって強くなれる。

ドイツの哲学者／**ニーチェ**

限界などない。停滞期があるだけだ。そこに留まってはならない。

香港の俳優、武術家／**ブルース・リー**

周りが勝手に限界を唱えるんです。もったいない。これからがおもしろいのに。

元スピードスケート選手／**岡崎朋美**

負けるということは滅亡するということとは違う。

軍人、元首相／**鈴木貫太郎**

＊壺井栄の小説『岸うつ波』の中で、古い価値観に負けまいと生きる主人公の女性を祖母が励ました言葉。壺井栄は小学校卒。作家デビューは38歳だった。代表作に『二十四の瞳』がある。

たった一度の失敗を、
最後の敗北と
取り違えてはならない。

アメリカの小説家／**スコット・フィッツジェラルド＊**

人間の人間たる価値は、
敗北に直面して
いかにふるまうかにかかっている。

アメリカの小説家／**ヘミングウェイ**

勝っても負けても同じ態度でいられるというのは、
素晴らしい才能。テニス人生よりもずっと長く、
生涯にわたって役立つ才能なんだから。

アメリカの元プロテニス選手／**クリス・エバート**

今日は負けたが、
道はつづいている。
きっとどこかにつながっている。

井上雄彦／漫画**『リアル』**

ストライクを取られるたびに、
次のホームランに
近づいていった。

アメリカの元プロ野球選手／**ベーブ・ルース**

＊フィッツジェラルドは、ロストジェネレーション（第一次大戦に直面して親の価値観を疑うようになった反逆の世代）を代表する一人。若者に熱狂的に迎えられたが、遊興と浪費、酒で早世した。

負けた時に、
気分を良くしてくれるものって
何だかわかる？　勝つことよ。

アメリカ映画**『モリーズ・ゲーム』**

将棋に負けた時は
まっすぐ帰りなさい。
勝った時は
祝杯をあげてもいいけれど。

将棋棋士／**有吉道夫**

人は何度も失敗することがあろう。
しかし、それを他人のせいにし始めるまでは、
落後者ではない。

アメリカの作家／**ジョン・バーラウズ**

「負けたことがある」
というのが、
いつか大きな財産になる。

井上雄彦／漫画**『SLAM DUNK』**

すべて成功するには、
失敗の原因を外に求めず、
おのれに求めることが大切である。

西武グループ創業者／**堤康次郎**＊

＊堤康次郎は土地開発によって軽井沢や箱根を発展させ、衆議院議長も務めた。仕事ぶりは苛烈で「ピストル堤」の異名を持った。同世代のライバル五島慶太が「強盗慶太」と呼ばれたのと対をなす。

失敗は恥ずかしいことではない。
失敗に意気がくじけて
しまうことが恥ずかしいのです。

スルガ銀行創業者／**岡野喜太**

年表には成功物語しか書かれず、
その影に膨大な
失敗の歴史が隠れている。

天文学者／**池内了**

取り返しのつかない大きな失敗をしたくないなら、
早い段階での失敗を恐れてはならない。

物理学者／**湯川秀樹**

どんなにささやかでもいいから、
とにかく成功してしまいなさい。
一回の成功は
何百回の失敗を拭い去るものです。

アメリカの牧師／**マーフィー**

失敗に達人などというものはいない。
誰でもみな失敗の前には凡人である。

ロシアの詩人、小説家／**プーシキン**＊

＊プーシキンはロシアリアリズムの伝統を築いたロシア近代文学の祖。絶世の美少女といわれるナターリアと結婚したが、妻に言い寄るフランス下士官との決闘で世を去った。

志《こころざし》を
一回の敗北によって
捨ててはならない。

イギリスの劇作家／**シェイクスピア**

道を見失ったら、
いったん原点に戻って、
最初からやり直すのが一番よい。

アメリカ映画**『帰らざる河』**

命まで取られへん。
ダメなら
やり直せばいい。

アシックス創業者／**鬼塚喜八郎**

君が倒れたことは
どうでもいいのです。
私は君が立ち直ることに
関心があるのです。

第十六代アメリカ大統領／**リンカーン＊**

公園にでも行って三時間ほどひっくり返るといい。
きっと寝転んでいるのが嫌になりますよ。そしたら、
仕事場に戻る。会社のためじゃなくて、自分のためにね。

アサヒビール元社長／**樋口廣太郎**

＊リンカーンの落選は相当回数に及ぶ。23歳で州議会議員落選。34歳から5年間で3度下院議員落選。46歳で上院議員落選。49歳で上院議員落選。しかし51歳で大統領となり、世界史に名を刻んだ。

郵便はがき

恐縮ですが
切手をおは
りください

1 6 2-8 4 4 5

新宿区新小川町一-七

成美堂出版
愛読者係 行

愛読者カード

◆本書をお買い上げくださいましてありがとうございます。

これから出版する本の参考にするため、裏面のアンケートにご協力ください。

ご返送いただいた方には、後ほど当社の図書目録を送らせて戴きます。

また、抽選により毎月20名の方に図書カードを贈呈いたします。当選の方への発送をもって発表にかえさせていただきます。

ホームページ　http://www.seibidoshuppan.co.jp

＊お預かりした個人情報は、弊社が責任をもって管理し、上記目的以外では一切使用いたしません。

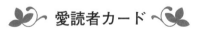

お買い上げの本のタイトル（必ずご記入下さい）

●本書を何でお知りになりましたか?

□書店で見て　□新聞広告で　□人に勧められて

□当社ホームページで　□ネット書店で　□図書目録で

□その他（　　　　　　　　）

●本書をお買い上げになっていかがですか?

□表紙がよい　□内容がよい　□見やすい　□価格が手頃

●本書に対するご意見、ご感想をお聞かせください

ご協力ありがとうございました。

お名前（フリガナ）	年齢　　歳	男・女
	ご職業	
ご住所 〒		
図書目録（無料）を　希望する□　しない□		

下を向いていたら、
虹を見つけることは
できないよ。

イギリス出身の俳優、映画監督／**チャップリン**

心配すべし。
心痛すべからず。

大日本麦酒創業者／**馬越恭平**

不安ならば、その不安をじっと見つめなさい。
不安の正体が見えてくるまで。

ドイツ出身の小説家／**ヘルマン・ヘッセ***

明日のことを心配しすぎてはならない。
今日これから起こることでさえ
わからないのだから。

ユダヤの格言

心配をまぎらわすには、
ウィスキーより
仕事のほうが役立つ。

アメリカの発明家／**エジソン**

＊ヘッセは第一次大戦後にノイローゼに陥り、ユング派の精神分析治療をたびたび受けた。それを契機に東洋文明に傾倒するようになり、叙情的だった作風も内面世界の探求へと変化した。

頂上に着くまで、山の高さを測るな。頂上に着くと、思っていたほど高くないことがわかる。

スウェーデンの政治家、元国連事務総長／**ハマーショルド＊**

大丈夫。心配するな。なるようになる。

禅僧／**一休宗純**

一休は住職をしていた大徳寺に「寺が危機に陥って打開できない時に開けよ」という遺言状を預けて亡くなった。その後、寺に大ピンチが訪れ、すがる思いで開くと右の三語。深刻な空気が一気にほぐれ、いい打開策が生まれたに違いない。少なくとも悩みにとらわれない心の自由を得ただろう。

悩みは忘れ去ろう。目の前は困難だらけだ。過ぎ去った困難まで振り返る必要はない。

第三十一代アメリカ大統領／**ハーバート・フーヴァー**

悩み悲しむ必要などない。今の自分に何ができるかを考え、あとは全力を出せばいいのだ。

フランスの哲学者、作家／**サルトル**

君が思い悩み、迷ったことは少しも気にすることはない。何かをつかんだはずだ。

資生堂元社長、政治家／**松本昇**

＊ハマーショルドは、国連は人類を天国に連れて行くためではなく、地獄から救うためのものだという理念のもと、米ソの激しい対立の中でスエズ戦争の調停などに尽力した。謎の墜落死を遂げている。

悩まない人に
本当の明るさというのは
つかめないと思いますね。

歌手、浪曲師／**三波春夫**

一度に二つ以上の悩み事を抱え込むな。
三種類も悩みを抱え込む奴がいる。
昔の悩み事、今ある悩み事、
これから起こりうる悩み事だ。

アメリカの著述家／**エドワード・ヘール**

おびえていることを決して相手に悟られるな。
特に相手が集団の場合は絶対に。
恐れはすべての人の最悪の部分を引き出す。

アメリカの作家、活動家／**マヤ・アンジェロウ**

いったん決断したら、
死に物狂いでやり通せ。
自分の恐怖の言いなりになるな。

アメリカ南北戦争の勇将／**トーマス・ジャクソン**

我々が
恐れなければならないのは、
恐れることそのものである。

第三十二代アメリカ大統領／**フランクリン・ルーズベルト＊**

＊ルーズベルトは大恐慌と第二次大戦という大変な困難に直面した。前者はニューディール政策で切り抜け、後者は連合国を主導して勝利に導いた。なお、セオドア・ルーズベルト大統領は親戚。

恐怖は大きな目を持つ。*

東欧の格言

恐れることはない。遠いものは大きく、近いものは小さく見えるだけのことだ。

日本映画『耳をすませば』

人間の想像力は、はるかに現実の先を越すもので、想像があらかじめ描くほど実際の苦痛が大きかったことはめったにない。

スイスの思想家、法学者／ヒルティ

自らの恐怖心を理解することが、物事を本当に見るということの始まりである。

香港の俳優、武術家／ブルース・リー

つらいときは、思いっきり泣けばいい。悲しみを我慢してはいけません。ただ、うんと泣いた後、ちょっと笑ってほしい。

小説家／瀬戸内寂聴

＊恐怖心にとらわれてしまうと、なんでもないことも気にかかるようになるし、実際より悪く見えてしまう、という意。ロシアでも「恐怖の目は大きい」と言う。

悲哀がいかに大きくても、
世間の同情を乞おうとしてはならない。
なぜなら、同情の中には軽蔑の念が含まれているからだ。

古代ギリシャの哲学者／**プラトン**

泣くことを恐れるな。
泣くことは、悲しみにあふれた
あなたの心を解き放つ。

アメリカ先住民・**ホピ族の格言**

「悲しいと心に穴があいたようになる。
その穴を涙で埋めているのよ」
「涙はいけない。夢で埋めるんだ」

アメリカ映画『**手錠のままの脱獄**』

もしも
瞳に涙がなければ、
魂に虹はかからない。

アメリカ先住民・**ミンクアス族の格言**

傷を隠すな。
その傷が今のあなたを
つくっているのだから。

アメリカの歌手／**フランク・シナトラ＊**

＊シナトラの顔には傷があった。出産時に母親の命が危なくなって鉗子分娩《かんしぶんべん》をし、鉗子が皮膚をえぐったのだ。彼は若い頃は傷を隠そうとした。だが、やがて傷も自分の一部分だと受け入れている。

他人の暗示や言葉はあなたを傷つけることはできません。あなたが傷つくのは、他人の暗示や言葉を自分のものとして受け入れた時のみです。いわば自分で傷つくのです。

アメリカの牧師／**マーフィー**

昔のことを涙をあらたにして悲しむものではない。

古代ギリシャの悲劇詩人／**エウリピデス**

過去を引きずることは、毎日少しずつ死ぬこと。

アメリカ映画『**ケープ・フィアー**』

過去は流れて戻らぬ水と同じ。振り向くなかれ。目の前を見つめよ。

元プロ野球選手、監督／**川上哲治**＊

対局中にミスを振り返っている暇なんかない。

将棋棋士／**豊島将之**

＊川上哲治は「ボールが止まって見える」と豪語した強打者だった。監督としても巨人軍を11回の日本シリーズ制覇に導いた。強いプレッシャーのためたびたび参禅し、球禅一致の境地に達している。

昨日のことばかり考えていたら、
よりよい明日に
たどり着くことはできない。

アメリカの発明家／**ケタリング**＊

賢者は現在と未来について考えるだけで
手いっぱいであるから、
過ぎ去った事柄を
くよくよ考えている暇はない。

イギリスの哲学者、政治家／**フランシス・ベーコン**

君が独りの時、本当に独りの時、
誰もができなかったことをなしとげるんだ。
だから、しっかりしろ。

イギリスの歌手／**ジョン・レノン**

常にただ今日のために働く習慣を
つくるのがよい。明日はひとりでに
やってくる。それとともに、
新しい明日の力もまた来るのである。

スイスの思想家、法学者／**ヒルティ**

潰れない選手、伸びる選手には、
共通点がある。
それは、孤独な時間を
きちんと過ごせることだ。

元プロ野球選手、監督／**森繁和**

＊ケタリングは「過去に興味はない。未来に興味がある。なぜなら、そこで残りの人生を過ごすことになるからだ」という名言も残している。多くの特許を取り、ゼネラルモーターズ研究所も率いた。

名言大誤解

パンがなければお菓子を食べればいいじゃないの。

フランス国王妃／**マリー・アントワネット**

本当はアントワネットの言葉ではなかった

名言というよりも、革命で処刑された悲劇の王妃の傲慢さを示す言葉として有名だが、実は、この言葉をアントワネットが言ったという記録はない。

言葉のネタ元は、フランスの思想家ルソーの著書『告白』である。「農民はパンにも事欠いている」と聞かされた貴婦人が「だったらブリオッシュ（パン菓子の一種）を食べればいいじゃないの」と答えた、という記述があるのだ。

この「貴婦人」がアントワネットを指すとは考えられない。『告白』が書かれた時、アントワネットはまだ九歳だったからだ。

なのに、なぜかルソーのこの記述は一人歩きし、フランス革命の正当性を裏づける象徴的な言葉ともなった。歴史の恐ろしさである。

ブリオッシュはクロワッサンと同じくバターと卵をたっぷり使うので、宮廷料理人がつくる場合はさぞ贅沢品だっただろう。ただし、革命前夜の小麦粉不足の中では、パンよりもブリオッシュのほうが安価だったという説もある。

だとすれば、この言葉は「高価なパンが買えないなら安い代替品にしたら？」というアドバイスになり、経済観念ゼロのおバカな発言とまでは言えなくなるのだ。

第5章

人生を心ゆくまで楽しむ名言

人と比べ自分は人生を十分に楽しめていないかも……

と思ったことはないでしょうか。本章には、忘れる、怠ける、満足するなど心の楽しみ、美食、酒、健康など体の楽しみ、音楽、ペットなど癒しの楽しみを広げ、深める名言が並びます。もう幸福を周囲と比べなくていいのです。

ごくありふれた日常のなかに、
さりげなく、ひっそりと、
幸福はかくれています。

漫画家／**やなせたかし**

雨の日は、雨を愛そう、
風の日は、風を好もう、
晴れた日は、散歩しよう、
貧しくば、心に富もう。

フランス文学者、詩人／**堀口大學***

私の今までの生涯には、
晴れた日もあれば曇った日もあった。
けれども、すべては結局私のためになったのである。

デンマークの童話作家／**アンデルセン**

人間の幸福というものは、
時たま起こるすばらしい幸運よりも、
日々起こってくる些細な便宜から
生まれるものだ。

アメリカの政治家、科学者／**ベンジャミン・フランクリン**

あぁ生まれてきてよかったな、って
思うことが何遍かあるじゃない。
そのために人間生きてんじゃねえのか。

日本映画『**男はつらいよ 寅次郎物語**』

＊堀口大學は仏作家ポール・モランの多くの作品を翻訳し、日本の新感覚派運動の礎となった。また海外の詩を硬軟新旧の日本語を使い分けて訳し、現代詩の源泉ともなっている。

自《おのずか》ら訪れた福をすぐに使いきってしまうのではなく、二、三分残しておくことによって、そこからまた新しい福が生まれる。これを惜福《せきふく》という。*

小説家／**幸田露伴**

世界に対する期待が低いと、幸福を感じるのもわりとかんたんなのかも。

アメリカ文学研究者、翻訳家／**柴田元幸**

そこそこで十分。最悪じゃなきゃいいよ。

日本のアニメ映画『**未来のミライ**』

満足している者が一番の金持ちだ。

第一生命元社長、東芝元社長、経団連元会長／**石坂泰三**

自分が持っていないものじゃなくて、持っているものを好きになること。それが、幸せでいる才能さ。

アメリカの映画監督、俳優／**ウッディ・アレン**

＊幸田露伴が自著『努力論』で説いた「幸福三説」の中の1つ。あと2つは、幸福を人に分け与えることが自分の幸福になるという「分福」と、将来を期して常に自分で幸福の種をまけという「植福」。

幸福になる道は一つしかない。
意志の力ではどうにもならない物事には、
悩まないことである。

古代ローマの哲学者／**エピクテトス＊**

楽しみに
お金のかからない人が
最も幸せである。

アメリカの思想家／**ソロー**

我々は、他人はみんな
自分よりも幸福だと
実際以上に思い込んでいる。

フランスの啓蒙思想家、法学者／**モンテスキュー**

全部のルールに従っていたら、
全部の楽しみを逃しちゃうわよ。

アメリカの女優／**キャサリン・ヘップバーン**

ミッションのために
ルールは変えればいいのよ。

元国連難民高等弁務官／**緒方貞子**

＊エピクテトスは節制と禁欲を重んじるストア学派の一人。人間が自由に支配できるのは自分の意志だけであり、意志と理性によって自分のできることを行うことに幸福があると説いた。

我々は、他人に幸福を分け与えることにより、
それと正比例して自分の幸福を増加させる。

イギリスの哲学者、経済学者／**ベンサム＊**

他人を幸福にすることは、
やはりいちばん確かな
幸福である。

スイスの哲学者、文学者／**アミエル**

わかち合える人がいて
初めて、
幸せは現実のものになる。

アメリカ映画『**イントゥ・ザ・ワイルド**』

どれくらいの人間に
愛されているかが、
人生の成功を測る
ものさしになります。

アメリカの投資家／**ウォーレン・バフェット**

人生は短い。
他人を気にするな。

アメリカ映画『**タイ・カップ**』

＊ベンサムは功利主義の創始者。個人の行為の基準が幸福の追求であるのと同様に、社会の目的は「最大多数の最大幸福」の実現だとする。善を幸福や快楽と同一視した量的快楽主義も唱えた。

自分さえ犠牲になればいいのだ、
という情緒的な考え方ほど
危険なものはありません。

小説家、評論家／**伊藤整**

他人を喜ばせるために
生きてちゃダメ。
自分の人生は自分で決めるの。

アメリカ映画『**アリス・イン・ワンダーランド**』

早まって相手の肚《はら》など考えて見ぬものじゃ。
相手の肚など推測してゆくと、
いつかそれに捲《ま》き込まれて、
わが身の都合を忘れてゆく。*

小説家／**山岡荘八**

楽しもうと決心すれば、
たいていいつでも
楽しくできるものよ。

日本のアニメ映画『**赤毛のアン　グリーンゲーブルズへの道**』

面白がってやってるヤツと、苦労してやってるヤツと、
どっちが勝つかな。やっぱりさ、
面白がってやってるヤツにはかなわない。

作家、元東京都知事／**青島幸男**

＊山岡荘八の代表作『徳川家康』の中で家康が語るセリフ。同書はギネスブックに「世界最長の小説」と認定されたこともある大作で、歴史書としても、ビジネス書としても広く読まれた。

「できること」が増えるより、「楽しめること」が増えるのが、いい人生。

精神科医／**斎藤茂太**

しばし歩みを止めて、紅葉した楓《かえで》の林の風景でも楽しんだらどうですか。

中国唐代の詩人／**杜牧《とぼく》***

原文は「車を停《とど》めて坐《そぞろ》に愛す楓林《ふうりん》の晩《くれ》」。車を止めて何気なく楓の林の夕暮れを眺めているという情景だが、禅宗ではこれを「むやみに先を急ぎなさんな」という意味に用いる。目的地に早く着くことばかり考えず、途中の「今ここ」を楽しむ心のゆとりを持つことが幸せだと教えるのだ。

さあ、楽しいことを考えて。そうすれば、空を飛べるよ。

アメリカのアニメ映画『**ピーター・パン**』

いいじゃんね、夢くらい、何見たって。……普通に生きるのだって大変なんだから。

浅野いにお／漫画『**おやすみプンプン**』

この世には遊びに来たの。踊って転んだら笑ってそれで八十年よ。

有間しのぶ／漫画『**その女、ジルバ**』

＊杜牧は晩唐を代表する詩人。風流人である一方、兵法書『孫子』への注釈、政治論文の執筆など剛直な気概も併せ持つ。先輩詩人の杜甫は「老杜」「大杜」と、杜牧は「小杜」とも呼ばれる。

世界は遊び場。
子どもの頃はみんなわかってるのに、
いつの間にか忘れちゃうのよね。

米・英合作映画**『イエスマン「YES」は人生のパスワード』**

人生はどんちゃん騒ぎのようなもの。
礼儀正しいパーティのようなものだと
思っているが……。

アメリカの料理研究家／**ジュリア・チャイルド**

それぞれの日を、
その一日という
仕切りの中で生きること。

アメリカの自己啓発作家／**オグ・マンディーノ**

楽しみたいなら、
今この時を
逃がさずに楽しめ。

中国の無名詩人／**「生年不満百」**

原文は「楽しみを為《な》すは当《まさ》に時に及ぶべし／何ぞ能《よ》く来茲《らいじ》を待たん」で、「愚者は費《ついえ》を愛惜《あいせき》して／但《た》だ後世の嗤《わら》いと為《な》るのみ」と続く。「どうして来年まで待てようか。愚か者は楽しむための出費や時間を惜しむが、それでは後世の人々から嘲笑されるだけだよ」と命の短さを嘆じている。

すべての日が
それぞれの贈り物を
持っている。

古代ローマの詩人／**マルティアリス＊**

＊マルティアリスはエピグラム（風刺的な短詩。寸鉄詩）で知られる。生まれはスペインで、同国の文化隆盛期である白銀時代を形成した。心温かい友情や深い弔意を表す詩も書いている。

今日の楽しみを
明日に延ばすな。

イギリスの小説家／**ハクスリー**＊

瞬間の命を生きればよろしい。
すばらしい瞬間が
いくらでもある。

イギリス出身の俳優、映画監督／**チャップリン**

ほかのものの名前を忘れると、
ちょっとやるせなくなります。
しかし、自分の名前を忘れるのは、気楽でいいもんです。

フィンランドの作家／**トーベ・ヤンソン**

幸福の鍵は、
健康と健忘ね。

スウェーデン出身の女優／**イングリッド・バーグマン**

覚えていて悲しんでいるよりも、
忘れて微笑んでいるほうがいい。

イギリスの詩人／**クリスティナ・ロセッティ**

＊ハクスリーは第一次大戦後の英国戦後派を代表する作家の一人。西洋的な自然科学と東洋の精神文化の２つを融合させて最善の自己実現に至る道を探求した。

人は常に仕事を求めるとは限らない。
聖なる怠惰というものもある。

イギリスの詩人、小説家／**ジョージ・マクドナルド**

人間は何もしないで
遊んでいる時に
育つんだよ。

文芸批評家／**小林秀雄**

なんだってできるわ。
だけど、
なにもやらないでいましょ。

フィンランドの作家／**トーベ・ヤンソン**

浪費するのを
楽しんだ時間は、
浪費された時間ではない。*

アメリカの小説家／**マーテ・トロリー＝カーティン**

生きているだけで
楽しいってことを、
私は忘れたことはないわ。

アメリカの女優／**キャサリン・ヘップバーン**

＊カーティンが1912年に発表した小説『結婚したフィリネット』にある言葉だが、今では作者も作品も忘れ去られてしまい、哲学者ラッセルもしくは歌手ジョン・レノンの言葉とされることが多い。

その日を摘め。

古代ローマの詩人／**ホラティウス**

ラテン語の原文「カルペ・ディエム」でも知られる。意味は聖書に出てくる「食らえ、飲め、どうせ明日は死ぬ身ではないか」に近いとされる。人生は短く、今を楽しむべきだという考え方だ。「メメント・モリ」（死を想え）や「ヴァニタス」（すべては空しい）と並ぶ古くからの欧州の底流感情の一つ。

愛情ある振る舞いをしていれば、
愛が感じられるようになるわ。
楽しそうに振る舞っていれば、
喜びが感じられるようになるわ。

アメリカの女優、歌手／**ドリス・デイ**

鍛冶屋《かじや》が腕を振って
腕が太くなるように、
元気を出し続けると
元気は増してくるものです。

ジャーナリスト、哲学者／**三宅雪嶺**

私は傑作は残せなかった。
だが人を笑わせた。
悪くないだろ。

アメリカ映画『**チャーリー**』

何でも妙なことにぶつかったら、
笑うってことが
一番かしこい手っ取り早い返答。

アメリカの小説家／**メルヴィル**＊

＊メルヴィルは父の借金に追われ捕鯨船の水夫となって波瀾万丈の体験をする。それが代表作『白鯨』に生きた。長男の自殺、自宅の焼失などの災難に見舞われながら作品を書き続けた。

笑顔を浮かべれば友達ができます。
でも、しかめっ面を浮かべればシワができます。

イギリスの小説家／**ジョージ・エリオット**

日夜大きな
プレッシャーがあるのです。
笑わなければ死んでしまうでしょう。

第十六代アメリカ大統領／**リンカーン**

空腹の時は歌え。
傷ついた時は笑え。

ユダヤの格言

私たちはユーモアをもって、
のっぴきならぬ運命に
つき合いたいものです。

ドイツ出身の物理学者／**アインシュタイン**

暇な時間は
かけがえのない
財産である。

古代ギリシャの哲学者／**ソクラテス**＊

＊ソクラテスは不当な裁判で死刑を宣告され、毒杯を仰いだ。弟子プラトンらが亡命を勧め、実際それが可能だったのに法を順守し平静に死んだ彼の態度は、現代の私たちへの問題提起でもあろう。

釣れない時は、
魚が考える時間を与えてくれたと思えばいい。

アメリカの小説家／**ヘミングウェイ**

何も考えず、
何もしていないのは、
寝ることの次に幸せなこと。

アメリカ先住民・**プエブロ族の格言**

人間には
行方不明の時間が必要です

詩人／**茨木のり子＊**

体という字のほとんどは
休むという字で
できている。

「カンロ飴」コピー

どうなるかわかんないことなら、
明るく考えた方が
いいに決まってんじゃん。

椎名あゆみ／漫画**『ダイス』**

＊茨木のり子は吉野弘、谷川俊太郎らと詩誌『櫂』で活躍した。詩「わたしが一番きれいだったとき」や詩集『自分の感受性くらい』で知られ、『倚《よ》りかからず』はベストセラーとなった。

明日のことまで思い悩むな。
明日のことは
明日自らが思い悩む。

新約聖書

明るさを求めて暗さを見ず。
人の欠点より長所を見る。
そのほうが
人生楽しいじゃないですか。

新日本製鐵元社長、経団連元会長／**斎藤英四郎**

反省することは反省する。
でも一度寝たら忘れる。

元プロ野球選手／**古田敦也**

私は楽観主義者である。
しかし、レインコートを
持って行く楽観主義者だ。

元イギリス首相／**ハロルド・ウィルソン**＊

お金は失ったけど、大した問題じゃない。
大事なのは、たくさんの人々が
あそこでいい時間を持てたことだ。

アップル創業者／**スティーブ・ウォズニアック**

ウォズニアックはアップルの株式公開により30歳で1億ドル以上の巨富を得た時、大イベントを開いて1200万ドルもの損をしたが、右のように言ってむしろ喜んだ。共同創業者のスティーブ・ジョブズが質素に徹したのと対照的に、ウォズニアックは人生を満喫するためにお金を善用したのだ。

＊ウィルソンはビートルズの政治的発言曲「タックスマン」に名前が登場することで知られる。彼は社会保障の充実を目的に富裕層に95％もの税率を課して世の批判を浴びたのだ。

悲観論なんて信じるな。望んでいるのとは違った方向に事態が進み出したら、そんなこと振り切るんだ。君が雨が降るだろうと思うと、本当に雨が降るぞ。

アメリカの俳優、映画監督／**クリント・イーストウッド**

かけがえのない人間になるなよ。代わりがいなかったら、いつまでもそのポストだ。

イタリアの格言

一日八時間せっせと働いていれば、やがてボスになって一日十二時間働くことになるだろう。

アメリカの詩人／**ロバート・フロスト**

言うべき時の「ノー」は、人生の平和と幸福の要訣である。

イギリスの著述家／**スマイルズ***

名誉を受ける中心にはなるな。策謀を出す府《くら》とはなるな。事業の責任者にはなるな。

古代中国の思想家／**荘子**

＊スマイルズは蒸気機関車の発明者スティーブンソンの伝記を皮切りに、産業革命の功績者たちの伝記を書き、それが代表作『セルフヘルプ』（日本語訳は『西国立志編』）に結実した。

重い荷物を捨てた後は
新しい荷物を
引き受けないほうがよい
荷物を引き受けることは
最上の苦しみだ
荷物を投げ捨てることが
楽しい

仏典『**ウダーナヴァルガ**』

すべて楽しいことは、
お腹にいいのですよ！

フィンランドの作家／**トーベ・ヤンソン***

食べ物が口の中にある限り、
すべての問題は
とりあえず解決ずみだ。

チェコ出身の小説家／**カフカ**

朝食は王様のように、
昼食は王子様のように、
夕食は貧乏人のように食べなさい。

格言

百人の医者を呼ぶよりも、
夜ふかしと
夜食をやめよ。

スペインの格言

*ヤンソンは『ムーミン』シリーズの作者として著名。本書のヤンソンの言葉も、すべて『ムーミン』の中の記述もしくはキャラクターのセリフとして書かれたものである。

健康と快活さは、お互いにお互いをつくり合う。

イギリスの文学者／**ジョセフ・アディソン**

疲れちょると思案がどうしても滅入る。よう寝足ると猛然と自信がわく。*

小説家／**司馬遼太郎**

「とりあえずお昼」と「とりあえず寝る」ことより以上の大事な事はない。

小説家／**田辺聖子**

何をおいても、まずじっくり湯につかる。

元ノルディック複合選手／**森敏**

散歩をしたり、緑の中をボンヤリする。

元ラグビー選手／**吉田義人**

＊司馬遼太郎の歴史小説『竜馬がゆく』の中で坂本竜馬が語ったセリフ。同作は現在の竜馬のイメージを決定づけた小説で、何度もドラマ化されるほどの人気を保っている。

自信を持って
休む。

柔道家／**野村忠宏**

とにかく
生活のリズムを
つくることが重要。

元プロ野球選手／**岩瀬仁紀**

すべて物事を間に合わせにするのはよろしくないが、
わけて飲食においても最もよろしくない。

中国の詩人、食通／**袁枚《えんばい》**＊

まず食うこと、
それから道徳。

ドイツの劇作家、演出家／**ブレヒト**

メシ時にはしっかりメシを食え。
シャバにはいいことは少ない。
それを苦にして
メシが食えないようではダメだ。

元首相／**田中角栄**

＊袁枚は人間の自然な心情を率直に詠んで人気があった。随園と名づけた別荘に住み、男女の弟子たちに囲まれた豪華な生活を送っている。料理法の解説書『随園食単』も著した。

武士はいざという時には飽食はしない。
しかしまた
空腹で大切な事に取りかかることもない。

小説家、軍人／**森鷗外**

肉食獣は決して
肥満することはない。*

フランスの司法家、食通／**ブリア・サヴァラン**

「これもいい」「あれもいい」というほうが
おいしい料理を作れる。

料理研究家／**小林カツ代**

楽しい顔で食べれば、
皿一つでも宴会だ。

古代ローマの詩人／**プルデンティウス**

料理をいい加減にしてはいけない。
キスは長続きしないが、
料理は続く。

イギリスの小説家／**ジョージ・メレディス**

＊サヴァランの著作『美味礼讃』の中の言葉。同書は文化、歴史、哲学的な観点から食を考察するガストロノミー（美食学）のテキストとして食文化の発展に寄与し、世界中に影響を与えている。

憂鬱になったので、マーマレードをつくることにした。
オレンジを刻んだり、床を磨いたりするうちに、
気分が明るくなっていくのにはまったくびっくりする。

イギリスの詩人／**デーヴィッド・ハーバート・ローレンス＊**

一回の料理で
一回の食事の準備だけを
してちゃダメですよ。

料理研究家／**栗原はるみ**

すべて本来の持ち味を
こわさないことが
料理の要訣である。

芸術家、美食家／**北大路魯山人**

酒に奪われたものより、
多くのものを酒から得た。

元イギリス首相／**チャーチル**

一杯のコーヒーは
インスピレーションを与え、
一杯のブランデーは
苦悩を取り除く。

ドイツの作曲家／**ベートーヴェン**

＊ローレンスは代表作『チャタレイ夫人の恋人』が猥褻だと裁判になったことでも知られる。後半生はスパイ容疑で外国生活を余儀なくされ、さらに結核を病むなど不本意な面もあった。

「何を飲んでいますか」
「もう一杯という名前のお酒よ」

イギリス映画『**嵐の中の青春**』

酒を飲め、
こう悲しみの多い人生は
眠るか酔うかして
過ごしたがよかろう！

ペルシャの詩人、天文学者／**ウマル・ハイヤーム**＊

「私はお酒は飲みません、現実に満足していますから」
「私も現実に満足しております。
私の現実には酒も含まれておりますが」

アメリカ映画『**ピンクの豹**』

「お酒は憂鬱《ゆううつ》を深めるわ」
「だが憂鬱を癒やす妙薬もない」

アメリカ映画『**ペリカン文書**』

ワインを飲んでいる時間を
ムダだと考えるな。
その間にあなたの心は
休養しているのだから。

ユダヤの格言

＊ハイヤームは『ルバイヤート（四行詩集）』で知られる。飲酒への讃美や無常観を表出し、刹那主義者、運命論者とも評される。学者としてはグレゴリオ暦にも劣らない「ジャラール暦」を残した。

わきめもふらで急ぎ行く
君の行衛《ゆくえ》はいづこぞや
琴花酒《ことはなさけ》のあるものを
とどまりたまえ旅人よ

詩人、小説家／**島崎藤村***

詩『酔歌』の一節。昔の学生は「妻をめとらば才たけて」で始まる与謝野鉄幹の『人を恋うる歌』にこれを足した何節もの歌を愛唱していたという。

犬はこの地球上でたった一人、
自分自身以上に
あなたを愛してくれる存在だ。

アメリカのユーモア作家／**ジョッシュ・ビリングス**

どんなに貧乏でも、
何も持っていなくても、
一匹の犬がそばにいてくれるだけで、
心は豊かになれる。

アメリカの作家／**ルイス・セイビン**

人生の惨めさから
抜け出す慰めは二つある。
音楽とネコだ。

ドイツ系の医師、神学者／**シュヴァイツァー**

幸福は猫に似ている。呼んでもおだてても、
そっぽを向いて絶対来ないが、気にかけず、
自分がすべきことをしていれば、いつしか
足にすり寄り、膝に飛び乗ってくれるのだ。

アメリカの政治家、哲学者／**ウィリアム・ベネット**

＊島崎藤村は北村透谷らと「文学界」を創刊し、浪漫主義詩人として活躍。散文に転じてからは自然主義を代表する小説『破戒』で日本文学を方向づけた。日本ペンクラブ初代会長でもある。

君の好きなことを見つけ、それをするんだ。
好きなことをしないなんて、
人生の浪費だぜ。

アメリカのミュージシャン／**ビリー・ジョエル**

人間、関心を寄せるものが
多ければ多いほど、
幸福になるチャンスが多くなる。

イギリスの哲学者、数学者／**バートランド・ラッセル**

読書ほど
安価な娯楽はなく、
長く続く快楽はありません。

イギリスの書簡文作家／**メアリー・W・モンタギュー**

しあわせは買えないけど、
買い物はしあわせ。

「セディナカード」コピー

言葉で
表現できなくなったとき、
音楽が始まる。

フランスの作曲家／**ドビュッシー***

＊ドビュッシーは象徴派詩人の影響を受けた印象派音楽の創始者。不協和音程、変化和音、全音音階などの多用による色彩的な音楽が特徴。愛娘のためにに作曲したピアノ曲集「こどもの領分」は有名。

音楽でお腹《なか》いっぱいにはならないけれど、
胸はいっぱいになれる。

クラシック音楽指揮者／**下野竜也**

歌は一日を短くし、
歌は仕事を和らげる。

リトアニアの格言

風は見えなくても風車は回っている。
音楽は見えなくても、
心に響いてくる、
囁きかける。

ドイツの作曲家／**J・S・バッハ**

少なくとも
一つの楽器をものにして、
自分一人で楽しめ。

アメリカの演劇評論家／**ジョージ・ネイサン**

とても悲しい曲
――ショパン――は、
その悲しみを楽しめばいい。*

イタリアの小説家、哲学者／**ウンベルト・エーコ**

＊ショパンはピアノ曲に比類ない新境地を開いた「ピアノの詩人」「モーツァルトの後継者」。ロマン主義の巨匠シューマンさえショパンの曲を「諸君、帽子を取りたまえ。天才ですぞ」と紹介した。

花が太陽によって色づくように、
人生は芸術によって色づく。

イギリスの銀行家／**ジョン・ラボック＊**

美しい景色を探すな。
景色の中に美しいものを
見つけるんだ。

オランダの画家／**ゴッホ**

絵は見えるが聞こえない詩であり、
詩は聞こえるが見えない絵である。

イタリアの芸術家、科学者／**ダ・ヴィンチ**

美術とは鑑賞するものではない。
共に生き共に
語らう人生の友である。

文芸批評家／**小林秀雄**

詩は、作者のものじゃない。
詩を必要としている
人のものです。

イタリア映画**『イル・ポスティーノ』**

＊ラボックは有能な銀行家である一方、父の友人ダーウィンに影響を受けた考古学者としても著名。著書『The Pleasures of Life』は、青年の修養書として明治期の日本で広く読まれた。

長生きした者は
多くを知っている。
旅をした者は
それ以上に知っている。

アラブの格言

貧乏旅をすれば、
大学を二つ
出たようなものだ。

作家／**永倉万治**

海に日が沈む瞬間は、自分が自然に溶け込み、一つになるように感じます。
そしていつも以上に、個人という存在の無意味さを感じるのです。
それは幸せな気分です。

ドイツ出身の物理学者／**アインシュタイン**

旅に出るには
エネルギーが要りますが、
旅をするとエネルギーが湧く。

小説家／**江国香織**

好きになれない人間と
旅をするな。

アメリカの小説家／**ヘミングウェイ***

＊ヘミングウェイは、冒険的な生活、マッチョ、セックス、狩猟、反ファシズム、戦争参加、ハードボイルドなど無数の米国的生き方を体現し、20世紀のライフスタイルにも影響を及ぼした。

今私の一番好きな仕事といえば、夜星空を眺めることです。なぜといって、この地上から、また人生から眼をそらすのに、これほど好《よ》い方法があるでしょうか。

ドイツ出身の小説家／**トーマス・マン***

五月の朝の新緑と薫風《くんぷう》は私の生活を貴族にする。

詩人／**萩原朔太郎**

自然がもたらす恵みと癒やしを賞賛する言葉は数多い。詩人バイロンは「草のそよぎにも、小川のせせらぎにも、耳を傾ければそこに音楽がある」と指摘した。哲学者ヴォルテールに至っては、「医術の役目は患者を慰めること。病気を治すのは自然」とまで言っている。

気に入った服を見つけたら、すぐに自分のものにしなさい。決してセールを待たないこと。

イギリスの服飾ジャーナリスト／**カレン・ホーマー**

自分に自信がないなら、どんなに高価な服を着たって意味ないわ。

アメリカ出身のオペラ歌手／**レオンティン・プライス**

おしゃれの最高のスパイスは遊び心だ。

精神科医／**斎藤茂太**

＊マンは深い思想性と見識、卓越した言語表現によって20世紀ドイツ語文学を代表する一人。ショーペンハウアー、ワーグナー、ニーチェを師と仰ぎ、終生、民主主義擁護のために闘った。

名言大誤解

歳月人を待たず。

中国東晋の詩人／**陶淵明**

実は「遊べるうちに遊べ」という脱努力のススメ

多くの人はこの言葉を「だから時を惜しんで勉強や仕事に励みなさい」というお堅い忠告だと考えるだろう。確かに、原典である『雑詩其《その》一』の最後の二行は「時に及んでまさに勉励すべし　歳月人を待たず」なのだから、それも無理はない。

だが、陶淵明の意図は対極にある。この詩の「勉励」は、勉学に励むのではなく、「遊びに励む」という意味なのである。

彼は「人生は短く、はかない。盛りの年は再び来ないし、今日は二度ない。後悔しないようにもっと楽しみなさい。うれしい時には酒を飲んで騒ごう。隣近所と飲み明かそう」と語りかけているのだ。我慢や刻苦奮励なんかやめようよ、ということだ。

実際、彼は十三年間宮仕えをした末、「わずかな給料のために人にぺこぺこするのはもうまっぴら」と職を辞して故郷に帰り、隠遁生活に入った風流人である。お酒も大好きだった。そんな人が、説教めいた詩を残すはずもないのだ。

もちろん陶淵明は、没後千六百年の現代日本人の誤解を知っても、「おや、そうなのかい。我慢と努力が君たちの生き方であるのなら、まあ、それもいいさ」と柳に風だろうが。

第6章

老病死を明るく癒やす名言

老病死は避けられない苦であるからこそ、賢者たちは古くから考察を重ねてきました。本章はその中から、人生後半戦の楽しみ、病気からの学び、死と死後の救いなどが得られる名言を集めています。どんな時でも凛として、あるいは平常心で生きる気構えが得られるでしょう。

今の五十歳なら、
もう一度人生を仕切り直すことができますから。
本当に自分に合った暮らし方と仕事を選び直すチャンスですよ。

小説家／**瀬戸内寂聴**

これまで私が
どうしてきたかじゃない。
これからの私、それが私。

アメリカの女優／**ローレン・バコール**

楽しくなくても
楽しげに生きるのが、
早く死んだ人への感謝で
供養じゃないかしら。

評論家／**樋口恵子**

長く生きられたらね、
長く生きた者の務めがあると思うの。
明るいとか、やさしいとか、何かなきゃね。

タレント、エッセイスト／**黒柳徹子**

人生の後半戦をいきいきと過ごす秘訣は「な
んでもいいから熱中できるものを持つこと」。
私の場合はたまたま仕事でしたが、
遊びでもなんでもいいと思うんです。

漫画家／**やなせたかし**＊

＊やなせたかしは舞台美術、演出、作詞など多才だったが芽が出ず、認められ始めたのは50歳前後。アニメ『アンパンマン』の大ヒットでスター漫画家になった時は70歳近くになっていた。94歳で没。

私は事業に失敗して財産を失い、
四十八歳から再出発した。
六十歳、七十歳からでも新たな挑戦はある。
人生に遅すぎるということはない。

日清食品創業者／**安藤百福**

年をとるっていうのは絶対に面白い現象がいっぱいあるのよ。だから、若い時には当たり前にできていたものが、できなくなること、一つずつを面白がってほしいのよ。

女優／**樹木希林**

五十代、六十代はまったくもって「青春」ですね。
七十代に入って「ん？」、
八十代になって「こりゃあ、やっぱり人間、年を取ると大変だな」。

コメディアン／**伊東四朗**

年齢とともによくなるとか、
悪くなるとかということではない。
だんだんと自分らしくなっていく
ということなのだ。

アメリカの行動心理学者／**ロバート・アンソニー**

私たちは
年々老いていくのではなく、
日々新しくなっていく。

アメリカの詩人／**エミリー・ディキンソン＊**

＊ディキンソンは独自の詩法が当時の風潮に合わず、生前は詩集を出さなかった。20世紀に入ると形而上派詩人の再評価などに伴って名声が高まり，現代ではホイットマンと並ぶ詩人とされている。

八十歳過ぎると人生のマニュアルがない。毎日が新鮮でびっくり仰天。見ること、聞くこと、やること、なすこと、すべてが未知の世界への冒険旅行だからおもしろい。

漫画家／**やなせたかし**

人は年と共に澄んでゆくものである。

文芸評論家／**河上徹太郎**

年齢というものに元来意味はありませんよ。若い生活をしている者は若い。老いた生活をしている者は老いている。

小説家／**井上靖**

年齢というのは自分で何才だと思った瞬間から、その年になるんです。

小説家／**瀬戸内寂聴**

人間はだんだん年を取っていくものだと始終考えていることほど、人間を迅速に老けさせるものはない。

ドイツの科学者、風刺家／**リヒテンベルク***

＊リヒテンベルクは「リヒテンベルク図形」と呼ばれる放電分岐パターンの発見で知られる。また、示唆に富む考察を長年書き綴ったノートを遺し、それによって西洋史上に残る格言家とも言われる。

二十歳だろうが八十歳だろうが、とにかく学ぶことをやめてしまった者は老人である。

フォード・モーター創業者／**ヘンリー・フォード**

老いたから遊ばなくなるのではない。遊ばなくなるから老いるのだ。

イギリスの劇作家／**バーナード・ショー＊**

老醜という言葉は様々な生物にいえるが、大木には当てはまらぬ。大木は老いていよいよ美しい。

文芸批評家／**小林秀雄**

人間、今が一番若いんだよ。明日より今日のほうが若いんだから。

放送作家、エッセイスト／**永六輔**

今日という日は、残りの人生の最初の日だ。

イタリアの格言

＊ショーは英国近代劇の創始者。旺盛な創作力を94歳で死ぬまで保った。菜食主義が長寿のもとと信じ、85歳の時「ステーキを食べればひと思いに死ねるのだが、動物の死体は食べたくない」と語った。

時間のあらゆる瞬間は、永遠の一部である。

古代ローマの皇帝／**マルクス・アウレリウス**

私は先のことなど考えたことがありません。すぐに来てしまうのですから。

ドイツ出身の物理学者／**アインシュタイン**

生き延びたいんじゃない。生きたいんだ。

アメリカ映画『**それでも夜は明ける**』

犀《さい》の角《つの》のようにただ独り歩め

仏典『**スッタニパータ**』*

『スッタニパータ』第一章には「従属しない独立自由を目ざして、犀の角のように…」「貪《むさぼ》りに耽《ふけ》り怠っている人に、みずから親しむな。犀の角のように…」など犀の角（孤独）の教えが四十ほども並ぶ。孤独と孤立は違う、孤独は好ましくない人間関係から距離を取る知恵だと教えている。

孤独であって、充実している、そういうのが人間だ。

芸術家／**岡本太郎**

＊スッタニパータは仏教最初期の経典。記述は素朴な韻文だが、人生の真実を平易に伝えており、ブッダの教えを直接聞くかのようだ。翻訳は『ブッダのことば』と題されることが多い。

選んだ孤独は、
よい孤独。

フランスの格言

今やわしも年老いたから、
墓場を歩き回ると、
いくつかのアパルトマンを
訪ねたような気がする。

フランスの政治家／**エドゥアール・エリオ**＊

前を向いて歩いてたって、つまんないよ。
後ろを振り返ったほうが
「あれが楽しかった」って楽しいよ。

タレント、司会者／**タモリ**

思い出は
齢《とし》をとりません。

アメリカ映画**『フォー・ルームス』**

ひとはだれでも、
実際に起こらなかったことを
思い出にすることも、できるのです。

劇作家、歌人／**寺山修司**

＊エリオは一貫した欧州統合論者で、文学的著作も多い文人政治家。フランスの首相を3度にわたって務め、エリオ外交と呼ばれる国際協調外交を展開した。1954年に政界を引退。84歳で没。

人生が終わる時、心の底から悔やむのは、訪れていない土地、はぐくめなかった友情、冒さなかった危険、愛する人たちと一緒にしなかったことです。

カナダの自己啓発作家／**ロビン・シャーマ**

むかし幸せだった場所に戻るな。戻らない限り、その思い出はいつまでも生き続けるが、戻ったら壊れてしまうから。

イギリスの小説家／**アガサ・クリスティ**

「元気？」
「できるだけ頑張って生きてます」
「私もよ」
「それが人生ですね」

アメリカ映画『**ドライビング・ミス・デイジー**』

何もすることがない者には毎日が祭日。*

古代ギリシャの詩人／**テオクリトス**

ひとは、十分に年をとると、なにも心配しないで、自分の好きなことだけをして、いきていけるようになるのです。

フィンランドの作家／**トーベ・ヤンソン**

＊古代ギリシャには「怠け者にはいつも祭日」という格言もあり、「祭日」には否定的な含みもあったようだ。しかし、人生百年が言われ、遊び方も生き方も多様化した現代では、祭日はめでたい。

色恋の苦痛もないし、ライバルもいない。もう若くなくて幸せだ。困惑も、妄想も、フラストレーションもない。もう若くなくて幸せだ。

アメリカ映画**『恋の手ほどき』**

青年時代は知恵を磨く時であり、老年はそれを実践する時である。

フランスの思想家、哲学者／**ルソー**

花が咲こうと咲くまいと、生きていることが花なんだ。

元プロレスラー／**アントニオ猪木***

生きる美しさは、若い人にはわからないわ。

アメリカ映画**『エアポート75』**

夕映えが美しいように、老人の場所から見た世界は美しいのです。

小説家、評論家／**伊藤整**

＊アントニオ猪木は日本のプロレスの隆盛と多様化の中心人物。政治家としても湾岸戦争の人質解放や訪朝など話題をまいた。糖尿病や難病の心アミロイドーシスと闘病の末、79歳で没。

長生きの秘訣は、
「退屈しないこと」「よく笑うこと」
「どうにもならないことでくよくよしないこと」ね。

史上最高齢記録保持者／**ジャンヌ・カルマン**

長生きの秘訣は
「風邪をひかない、義理を欠け、
転ばない」ことです。

政治家、婦人解放運動家／**加藤シヅエ***

長寿の秘訣
1、生きる意欲を持つこと
2、年とともに仕事の範囲を狭めること

医学者、元名古屋大学総長／**勝沼精蔵**

老年と、
時の経過は、
すべてを教える。

古代ギリシャの悲劇詩人／**ソフォクレス**

老年は
青春よりも
正しい。

古代ギリシャの悲劇詩人／**アイスキュロス**

＊加藤シヅエは明治30年生まれ。日本初の女性国会議員。2度の結婚、渡米、人民戦線事件による逮捕など波乱の人生を送った。売春防止法や公害防止法の制定に尽力し、104歳まで長生きした。

老いた者には知恵があり、
命の長い者には悟りがある。

旧約聖書

老人は忘れるということを欠陥ではなく、長所として利用すべきであろう。不合理なこだわりをなくすること。瑣末《さまつ》なことにとらわれないこと。それに惑わされないこと。

歴史学者、評論家／**会田雄次**

歳をとったら女房の悪口を言っちゃいけません。
ひたすら感謝する、
これは愛情じゃありません、生きる智恵です。

放送作家、エッセイスト／**永六輔**

老齢の好色と言われているものこそ、残った命への抑圧の排除の願いであり、また命への讃歌である。

小説家、評論家／**伊藤整**

病をば、憂い苦しむべからず。
憂い苦しめば、気ふさがりて、
病くわわる。*

江戸期の儒学者、本草学者／**貝原益軒**

*「病くわわる」とは「症状が重くなる」という意。「心を平《たいらか》にして気を和《なごやか》にする。これ身を養い徳を養う工夫なり」というのが益軒の養生の理想であった。

病気と寿命は別のもの。
病がいつ死につながるかは寿命に任せ、
病を一つの試練と観じ味わい、
大事に大切に養いたい。

パナソニック創業者／**松下幸之助**

健康な人には
病気になる心配があるが、
病人には
回復するという楽しみがある。

物理学者、随筆家／**寺田寅彦**＊

病気は身体の障害であるが、
気にしない限り
意志の障害にはならない。

古代ローマの哲学者／**エピクテトス**

川の氾濫《はんらん》が土を掘って
田畑を耕すように、
病気はすべての人の心を
掘って耕してくれる。
病気を正しく理解して
これに堪える人は、より深く、
より強く、より大きくなる。

スイスの思想家、法学者／**ヒルティ**

食事を人の時間に合わせるな。
「夕食の時間だ。私も食べないと」という
考えは頭から追い出せ。自分の体に
「腹は減っているか？」と聞いてみろ。

アメリカの著作家／**ウェイン・ダイアー**

＊寺田寅彦は旧制五高（現熊本大学）在学中に２人の教師と出会った。その１人夏目漱石から文学の目を開かれ、もう１人の物理学者・田丸卓郎（のち東京帝大教授）から物理学の道に導かれている。

皿の上のものはすべて平らげなくてはいけない、と思うな。

アメリカの医学者／**サンジェイ・ガプタ**

医者の診断は否定するな。だが、それに付随する否定的宣告は、なんとしても否定しろ。

アメリカのジャーナリスト／**ノーマン・カズンズ**

かつて自分が存在しない時があったことなど、誰も気にしない。とすれば、自分がいなくなる時が来ることも、なんでもないはずだ。

イギリスの批評家／**ウィリアム・ハズリット**

たとえ十種の病気持ちでも運は天に任せて、できる限りおしゃれもして、この人生を楽しみたい。

漫画家／**やなせたかし**

芝居が終わったら、劇場から出るものよ。*

フランス映画『**北ホテル**』

＊実際の映画では、安宿で心中未遂をした女性が、男のことを忘れて人生をやり直そうとする気持ちを告白するセリフ。はからずも生と死をも暗示する名言になった。

人生はパーティみたいなもの。始まってから参加し、お開きにならないうちに去るんですから。

アメリカのジャーナリスト／**エルザ・マックスウェル**

始まったからには、終わらなければならないのだ。

テレビプロデューサー、演出家／**久世光彦**

死を怖がらないで。死も生の一部なのだから。

アメリカ映画『**フォレスト・ガンプ**』

死は存在しない。生きる世界が変わるだけだ。

アメリカ先住民・**ドゥワミッシュ族の格言**

生が終わって死がはじまるのではない。生が終われば死もまた終わってしまうのである。

劇作家、歌人／**寺山修司**＊

＊寺山修司は20代にネフローゼで数年の入院生活を送った。歌人、劇作家、演出家として一時代を画す活躍をした裏には、「長くは生きられない」という切迫意識があった。肝硬変により47歳で没。

死は、
前よりしも来《きた》らず、
かねて後《うしろ》に迫れり。

鎌倉時代の随筆家、歌人／**吉田兼好**

人は
生きてきたように
死んでいく。

医学者／**柏木哲夫**

我々は
母なる地球から創られ、
母なる地球に還る。

アメリカ先住民・**シェナンドー族の格言**

生まれ生まれ生まれ生まれて生《しょう》の始めに暗く、
死に死に死に死んで
死の終りに冥《くら》し。*

真言宗開祖／**空海**

空海（弘法大師）は書の大家としても知られる。唐に留学して密教を学び伝えた。同じく留学生《るがくしょう》だった最澄（伝教大師）との親交と決別は有名。

「あの俳優、知らないうちに
見かけなくなったなあ」と
言われるような消え方をしたい。

俳優、元ザ・タイガースのベーシスト／**岸部一徳**

＊人間は何度も生まれては死んで輪廻転生するが、暗闇から生まれ、暗闇に帰っていくばかりで、生死の真理に達するにはほど遠い。一体いつ目覚めるのか、という警句とするのが一般的な解釈。

本田という人がいた、
ぐらいのことでいい。

本田技研工業創業者／**本田宗一郎***

生きのこるわれをいとしみ
わが髪《いまわ》を撫《な》でて
最期の息に耐えにき

歌人、書家／**吉野秀雄**

吉野秀雄は若いとき肺結核に冒されて何度も吐血したが、妻はつ子の献身的な看護で生き長らえ、四人の子にも恵まれた。ところが今度は妻が肉腫のために死を迎えるのだ。自分の死よりも残される夫を気づかう妻の愛と、妻を死なせたくないという切々たる思いを詠んだ連作の一首。

病院で死ぬか、
在宅で死ぬかじゃありません。
誰に看取られて死ぬかなんです。

放送作家、エッセイスト／**永六輔**

人間にふさわしい態度は、死に対して無関心であるのでもなく、烈《はげ》しい気持ちを抱くのでもなく、侮蔑するのでもなく、自然の働きの一つとしてこれを待つことである。

古代ローマの皇帝／**マルクス・アウレリウス**

不思議に思われるであろうが、
生涯をかけて学ぶべきは
死ぬことである。

古代ローマの哲学者、政治家／**セネカ**

＊本田宗一郎は、65歳で社長退任後は経営に口を出すことは一切なかった。博物館や銅像を建てて顕彰する話も、上のように言って断っている。84歳で逝去。偲《しの》ぶ会にはのべ6万2000人が参列した。

生まれた時、あなたは大声で泣き、周りの人は喜びに包まれた。
死ぬ時には周りの人が嘆き、
あなたが喜びに包まれるような生を送りなさい。

アメリカ先住民・**チェロキー族の格言**

生きる癖がついてしまったので、
私たちは死ぬのをおっくうがる。

イギリスの小説家／**トーマス・ブラウン***

どのように死ぬか、いつ死ぬかを
選択することは誰にもできない。
どう生きるか、これだけは決められる。
今ここで。

アメリカの歌手／**ジョーン・バエズ**

いっさいのものに寿命がある、という
ことを承認したうえで、お互いにすべてを
打ち込んでいく。ここからおおらかな
淡々とした人生が開けてくる。

パナソニック創業者／**松下幸之助**

いづくへか帰る日近きここちして
この世のものの
なつかしきころ

歌人／**与謝野晶子**

＊ブラウンは英文学史上屈指の文章家とされる。代表的エッセイ『壺葬論（ハイドリオタフィア）』でも独自の死生観が名文で綴られており、夏目漱石は『三四郎』でその一節を引用している。

一度しかない人生だけど、
もし思うように生きたら
一度で十分でしょ。

アメリカの女優／**メイ・ウエスト**

あたかもよく過ごした一日が
安らかな眠りを与えるように、
よく用いられた一生は
安らかな死を与える。

イタリアの芸術家、科学者／**ダ・ヴィンチ**

あと三時間で死ぬと知ったとしても私は格別の印象を受けないでしょう。
どうすればこの最後の三時間を最も有効に使えるかを考え、
書類を整理してから静かに横たわるでしょう。

ドイツ出身の物理学者／**アインシュタイン**

死のことは考えるに及ばない。
死は我々が手を貸さなくとも
我々のことを考えてくれている。

ポーランドの小説家／**シェンキェヴィチ**＊

恐竜は種の絶滅のことなど気にかけず、
幸せに死んでいった。
幸せとは自然の理に従うことだ。

フランス映画『**草の上の昼食**』

＊シェンキェヴィチは悲運に苦しむポーランド人に民族の力を再認識させた同国の国民的小説家。代表作『クオ・ヴァディス』（ラテン語で「どこに行くのか」）は日本をはじめ世界で読まれている。

いい思い出だけが残ること、
それを成仏と言うんです。

哲学者、法然院三十代貫主／**橋本峰雄**

人は思い出されているかぎり、
死なないのだ。
思い出すとは、呼びもどすこと。

フランス文学者、小説家／**山田稔**

いつか再び戦友たちに会った時、
「俺も生かされた人生で
これだけ頑張った」と
胸を張りたいと思います。

戦艦大和語り部／**八杉康夫**

われら二人、たのしくここに眠る、
離ればなれに生まれ、
めぐりあい、
短き時を愛に生きし二人、
悲しく別れたれど、
また、ここに、
こころとなりて、
とこしえに寄り添い眠る。＊

詩人、フランス文学者／**西条八十**

死者は
生きているものに
力と助言をさずける。

アメリカ先住民・**ホピ族の格言**

＊西条八十が44年間連れ添った亡妻をしのび、生前に建てた墓に刻んだ墓碑銘。八十は鈴木三重吉の『赤い鳥』童謡運動に参加して多くの名作を書き、民謡、歌謡曲などの作詞でも一世を風靡した。

実に多くの職人たちは、その名を留《とど》めずにこの世を去って行きます。しかし彼らが親切に拵《こしら》えた品物の中に、彼らがこの世に活きていた意味が宿ります。

民芸運動*創始者／**柳宗悦**

息子たちや娘たちは、あなたの未来である。息子たちや娘たちの顔の中に、七世代先の子供たちまでを見届けること。

アメリカ先住民・**ホーデノショーニ族の格言**

私は収穫の時には立ち会わないかもしれないが、今のうちに蒔《ま》けるだけ種を蒔いておきたい。

元ソ連大統領／**ゴルバチョフ**

人は死んでも、その人の影響は死ぬことはない。

アメリカの牧師／**ルーサー・キング**

墓の下にいても、あなたたちの役に立てる。これほどのうれしいことがあるだろうか。

ドイツの作曲家／**ベートーヴェン**

＊民芸とは、無名の職人の手仕事によってつくられた日常的、庶民的、実用的かつ低価格の工芸品をさす。柳宗悦はそのような日用雑器が生活に用いられる「用の美」を賞賛し、一大運動を創出した。

第7章

能力を最高に伸ばす名言

どれだけ昨日の自分を超えて力を伸ばせるかが、競争社会を生き抜くカギになります。本章は、学習力、創造力、情報力、実行力など、能力を引き出す言葉の宝庫。メモの技術や勝機のつかみ方など具体的なヒントも満載です。仕事に、試験や勉強に、自分のウデを上げる効率的な方法を見つけてください。

教室の後ろの席に座るな。
成功者は
前の席に座る。

アメリカの能力開発研究家／**デニス・ウェイトリー**

愚かな者は自問するが、
賢い者は
さっさと人に訊《き》いてしまう。

イギリスの政治家、作家／**ディズレーリ**

時間よりも、むしろ何を何回やったかという
「回数」のほうが、大事なんです。

グラフィックデザイナー／**横尾忠則**

「暇になったら勉強する」と
言ってはならない。
暇な時間など決してないかもしれない。

ユダヤ教の指導者／**ヒレル**＊

「ああ、どうして俺は
学んでおかなかったのか」。
これは怠け者の言い訳である。
それなら学ぶがいい。

フランスの哲学者／**アラン**

＊ヒレルはイエスよりも年上の同時代人で、ユダヤ教の著名な律法学者。律法の形骸化を批判し、神への愛と隣人愛の重要性を説いた。彼の教えは現代ユダヤ教の基本的な神学となっている。

暗記教育は
古く、くだらないと言う人があるが、
暗記は教育の中で一番大切なことの一つだ。

元首相／**田中角栄**

一生勉強していかないと。
だって、「この前やったのと
また同じじゃないか」と言われたら
終わっちゃいますから。

作曲家／**久石譲**

周りの人からもらったアドバイスは全部やれよ。
やる前から合わないとか決めつけず、
やってから合うか合わないかを決めればいい。

元プロ野球選手／**鳥谷敬**

とりあえずやってみて失敗から学ぶ――
私はこのやり方が好きだ。
なぜなら、
毎日新しいことを学べるのだから。

ヴァージングループ創始者／**リチャード・ブランソン**

私はいつも
自分にできないことをしている。
そうすればできるようになるから。

スペインの画家／**ピカソ**＊

＊ピカソの活動は版画、彫刻、舞台装置など多岐に及ぶ。テーマも人間の内面から戦争への怒りまで広範で、手法も写実主義、シュールレアリズム、キュビズムなど次々と変化し、変貌の画家と呼ばれる。

若いときに読んだ本の中でもっとも重要なものを、人生のある時間に、もう一度読んでみることが大切だ。

イタリアの小説家／**イタロ・カルヴィーノ**

あなたに最も役立つ本は、あなたを最も考えさせる本である。

アメリカの小説家／**ロバート・B・パーカー**

昔の人は本のなかをじっくり自分の足で歩いたのです。

小説家／**三島由紀夫**

役に立つ本だけを読め。そして、そのテーマを完全に習得するまで学び続けよ。

イギリスの政治家、著述家／**チェスターフィールド**

どんな本でも、読む時は必ず抜き書きをした。どこも役に立たないほどだめな本などないからな、とよく言っていた。

古代ローマの政治家、弁論家／**小プリニウス**＊

＊小プリニウスの『書簡集』の一節。伯父である大プリニウスの緻密な勉強法について述べている。大プリニウスは将軍で博物学者。当時の科学知識の集大成である『博物誌』の著者として高名。

自分を磨くためには、大きな人に会うことです。同時代に生きる大人物には、ものおじせずにお会いなさい。対面すること、対面しようと努力することで、人間力は確実に強まる。

資生堂元社長／**福原義春**

書物を読むということは、他人が苦労して成し遂げたことを容易に自分に取り入れて、自分を改善する最良の方法である。

古代ギリシャの哲学者／**ソクラテス**

第一流の人にふれると、ものの見方がすっかり変わる。

ドイツの生理学者、物理学者／**ヘルムホルツ**＊

最初から一流のところに入って行け。安物を依頼する画商に頼まれて描くとダメになるから、一流が来るまでがんばれ。

日本画家／**平山郁夫**

なんでも最初にいいのをうんと見てしまわなくちゃいけない。そうすると悪いのは自然わかる。

能役者／**十四世喜多六平太**

＊ヘルムホルツはエネルギー保存の原理の確立、渦に関する定理、検眼鏡や立体望遠鏡の発明など多彩な業績を残した。19世紀中葉の代表的なドイツ人科学者としてヘルツなど多くの弟子も育てた。

平凡な教師は言って聞かせる。よい教師は説明する。
優秀な教師はやってみせる。
しかし、最高の教師は子供の心に火をつける。

アメリカの教育者／**ウィリアム・ウォード**

人は
教えることによって、
最もよく学ぶ。

古代ローマの哲学者、政治家／**セネカ**

最もよい教師は子供とともに笑う。
最もよくない教師は子供を笑う。

イギリスの教育改革者／**A・S・ニール***

あえて教える道を選んだ者は、
決して
学ぶことをやめてはならない。

アメリカのライブラリアン／**ジョン・コットン・ダナ**

教える者の人間性が
生徒の進歩を
ひっぱり出している。

狂言役者／**野村万作**

＊ニールは、子供の幸福こそがしつけや養育より重要だと考えた。幸福は子供の自由を最大限認めること、という見地から教育改革を実践している。20世紀初頭は軽視されたが、現代では賛同者が多い。

教育とは人から
何かを引き出すことであって、
何かを詰め込むことではない。

シロキ元社長／**白木浩一**

ある真実を教えることよりも、
いつも真実を見いだすには
どうしなければならないかを教えることが
問題なのだ。

フランスの思想家、哲学者／**ルソー**

本当に基本的なお稽古を積めば、
ある時期が来るとめきめきと進歩をなさるもので、
その根気が大切です。

能役者／**十四世喜多六平太＊**

どんなに簡単な技術でも、練習をせずに
習得することはできない。
逆に、どんなに難しい技術でも、繰り返し
練習すれば誰でも身につけることが可能だ。

イギリスの著述家／**スマイルズ**

簡単なことを
一生懸命やるというのが
大事なんだ。

元プロボクサー／**輪島功一**

＊喜多六平太はシテ方能楽師で、喜多流十四世宗家。喜多流が衰えていた時代に育ったため、多くの弟子筋や分家に師事して芸を確立し、昭和を代表する名人となった。

一万通りの蹴りを一度ずつ練習した者は恐れるに足りない。
私が恐れるのは
たった一つの蹴りを一万回練習した者だ。

香港の俳優、武術家／**ブルース・リー**

一万回練習してできなかったプレーが、
一万一回目にできるようになることがある。
これが開眼です。

アメリカンフットボール指導者／**水野彌一**

今日いい稽古をしたからって、
明日強くなるわけじゃない。
でも、その稽古は
二年先、三年先に必ず報われる。

第五十八代横綱／**千代の富士**

最初はただの物真似でも、
何度も繰り返すうちに
自分の形になっていくものです。

柔道家／**吉田秀彦**

稽古というもんは
厚かましく行かなあきまへんな。
来いと言われて行っているようでは
あきまへん。

浄瑠璃太夫／**七世竹本住大夫***

＊竹本住大夫は6代目の養子。稽古に稽古を重ねて1985年に7代目を襲名した。重要無形文化財保持者（人間国宝）、日本芸術院会員、フランス芸術文化勲章コマンドゥール受章などの栄誉に輝く。

修行中は馬鹿になっていなければ上達しない。馬鹿という言葉をいいかえれば、ものにこだわらない素直なことである。理屈っぽいのがいちばん修行のさまたげになる。

箏曲演奏家、作曲家／**宮城道雄**

キュウリを植えればキュウリと別のものが収穫できると思うな。人は自分の植えたものを収穫するのである。

農政家、思想家／**二宮尊徳**

内村鑑三が著書『代表的日本人』で取り上げた二宮尊徳の言葉。努力し天地の理によって与えられたものだけが自分のものであり、偶然に得たものは本当の財ではないのだ。尊徳は、人は大宇宙にあっては小さな存在だが「誠実でさえあれば天地も動かしうる」と言って人々を励ました。

自分の才能を信じなさい。しかし、自分が実際に行った努力以上のことを期待してはいけない。

アメリカの作家／**リタ・メイ・ブラウン**

努力によって得られる習慣だけが善である。

ドイツの哲学者／**カント***

「できなくてもしょうがない」は、終わってから思うことであって、途中にそれを思ったら、絶対に達成できません。

元プロ野球選手／**イチロー**

＊西欧哲学に大きな転回をもたらしたカントは、規則正しい生活でも知られる。毎日同じ時刻に起床し、同じ道筋を同じ時刻に散歩した。周囲の人々はカントの姿を時計代わりにしたという。

「これはいい」と思ったことは、
人生の中に積極的に
取り入れるといいでしょう。

デンマークの童話作家／**アンデルセン***

私は意志が弱い。
その弱さを克服するには、
自分を引き下がれない状況に
追い込むことだ。

冒険家／**植村直己**

汚いグラブでプレイしていたら、
その練習は記憶には残りません。
手入れをしたグラブで練習をしたことは体に必ず残ります。

元プロ野球選手／**イチロー**

真の苦労は人目につかない苦労だ。
人目につく苦労は、
虚栄心さえあれば楽にできる。

フランスのモラリスト／**ラ・ロシュフーコー**

もし、木を切り倒すのに
六時間与えられたら、
私は最初の四時間を
斧《おの》を研ぐのに費やすだろう。

第十六代アメリカ大統領／**リンカーン**

＊アンデルセンは悲惨な家庭環境の中で成長した。だが、成功後は「あの欠乏と貧困だらけの時代のことを思い出しますと、私はいっさいが夢のような気がします」と国王宛ての手紙に書いている。

勝利のイメージを焼き付ける。あとは現実がついてくる。

元スピードスケート選手／**堀井学**

勝っているところを頭の中に描く。実際に走っていない時でも、いつもよい走りをしているところをイメージしている。

元レーシングドライバー／**鈴木亜久里**

大事なのは、まだ誰も見ていないものを見ることではなく、誰もが見ていることについて、誰も考えたことのないことを考えることだ。

オーストリアの物理学者／**シュレーディンガー**＊

最初に、自分が倒されていることが頭に浮かぶ。次に「なぜ？」から勝利の方法を考える。

元プロボクサー／**鬼塚勝也**

新しいアイデアというのは、新しい場所に置かれた古いアイデアなんだ。

アメリカの実業家、コラムニスト／**デイル・ドーテン**

＊シュレーディンガーは難解な量子力学を発展させた。彼が語った「人間に観測されるまでは死んだ状態と生きている状態が重なり合った状態で箱の中にいる猫」の比喩は今でもさまざまに解釈される。

いいアイデアがひらめく瞬間というのは決まっていて、死ぬ気で考えても答えが出ず、「もうダメだ」と弛緩《しかん》した時なんです。

数理物理学者／**西成活裕**

発見の旅とは、新しい景色を探すことではない。新しい目で見ることなのだ。

フランスの小説家／**プルースト**

創造は過去と現在とを材料としながら新しい未来を発明する能力です。

歌人／**与謝野晶子**

一般に思いつきというものは、人が精出して仕事をしている時に限ってあらわれる。

ドイツの社会科学者／**マックス・ウェーバー＊**

ほとんどすべての人間は、もうこれ以上アイデアを考えるのは不可能だというところまで行き着き、そこでやる気をなくしてしまう。いよいよこれからだというのに……。

アメリカの発明家／**エジソン**

＊ウェーバーは西欧近代社会を貫く合理主義の本質を解明したことで知られる。知識と研究領域は広大で、法学、政治学、経済学、宗教学、歴史学でも業績を残した。儒教や仏教も論じている。

アイデアは洗練されていてはいけない。泥くさければ泥くさいほど成功する。

マツモトキヨシ元会長、政治家／**松本和那**

洗練された案は一見格好いいが、実は大衆の要求に沿わず非実用的な場合が少なくない。泥くさい案は地味に見えるが、大衆の求めをズバリ満たして商売に直結することが多い。千葉県松戸市役所に日本初の「すぐやる課」が開設されたのも、当時市長だった父・松本清のアイデアだった。

自分を追い込まずして、アイデアが出てくるわけないじゃないか。

元プロボクサー／**輪島功一**

よいアイデアは迷わず盗め。

USAトゥデイ創業者／**アル・ニューハース**

自分で行った貴重な省察は、できるだけ早く書きとめておくべきである。

ドイツの哲学者／**ショーペンハウアー**

ばかげたアイデアでも紙に書いてみよ。そうすれば素晴らしいアイデアが生まれてくる。

アメリカの実業家、著述家／**アレックス・オズボーン**＊

＊オズボーンは創造的思考の探求者で、ブレーンストーミングの名づけ親。転用、応用、拡大、縮小、代用など、アイデアを生む７つの方法を示す「オズボーンのチェックリスト」で知られる。

メモこそ命の恩人だ。

アメリカの発明家／**エジソン**

頭を回転させて考えを整理したい時、文字にしてみることほど効果的な方法はない。

アメリカの投資家／**ウォーレン・バフェット**

「あの恐ろしさといったら……」と王様は言い、続けた。「決して忘れない」。「でも」と女王は言った。「メモしておかなければ忘れてしまいますよ」*

イギリスの童話作家／**ルイス・キャロル**

群れから抜け出すためには、与えられた質問の枠を超えて考える必要がある。

ゼネラル・エレクトリック元社長／**ジャック・ウェルチ**

独創的なアイデアは集団からは湧きません。個から湧くのです。

アメリカの歴史家、教育者／**ホイットニー・グリスウォルド**

＊キャロルの代表作『不思議の国のアリス』の中の言葉。キャロルは就寝中にアイデアがわいたらメモしないと眠れない性格だったため、起床しなくても字が書ける特殊な用具と筆記法を考案した。

積み重ね方式で、これができたからこれにしよう、その次はこれをやるというのでは、とうていできっこない。

ソニー創業者／**井深大***

「足して二で割る」案は最悪になる。

オリエンタルランド会長兼CEO／**加賀見俊夫**

本当に優れた研究成果を出すには、会社の言うことを聞いてはいけない。

高輝度青色発光ダイオード開発者／**中村修二**

他人の意見ではなく、自分の中の声に耳を傾ける。最も大切なのは、自分の心と直感に従う勇気を持つことだ。

アップル創業者／**スティーブ・ジョブズ**

最初から目標を高く設定する。そうするとまったく新しい方法を編み出すことができる。

アメリカのIT系経営者／**エッカード・ファイファー**

＊井深大が1980年頃、ある素材の可能性を担当者に聞くと、「数年後には実現できる」と答えた。井深は「それではダメだ。2010年、2020年にはどうなっているかを考えてくれ」とたしなめたという。

多くの人は現状を見て「なぜこうなのか」と考える。
だが、私はまだ実現していないことを夢見て
「なぜできないのか」と考える。

アメリカの政治家／**ロバート・ケネディ**

時には踏みならされた道を離れ、
森の中に入ってみなさい。きっとあなたが
これまで見たこともない何か新しいものを
見いだすに違いありません。

イギリス出身の発明家／**グラハム・ベル**

「いかに」を研究せよ、
「なぜに」ではない。

フランスの博物学者、思想家／**ビュフォン**

何をするにもあわててはいけない。
一歩一歩によく注意し、
第一歩から、結果がどうなるかも
考えるべきである。

イギリスの登山家／**ウィンパー**

「トランジスタが生まれたのは偶然ですか、
よく計画された研究からですか」
ショックレー「よく計画された研究から、
偶然生まれたものです」

イギリス出身の物理学者、発明家／**ショックレー**＊

＊ショックレーは20世紀最大の発明とされるトランジスタの開発者。シリコンバレー発展の基礎を築いた人物でもある。上は日本の研究者からの質問に答えた言葉。

技術は人間が使うために開発する。人間の心理を熟知することが必要だと思います。

ボーズ創業者／**アマー・ボーズ**＊

問題意識がなければ、目は節穴だということだ。

人類学者／**川田順造**

いくらよい発明、発見をしても、百万分の一秒遅れたら、発明でも、発見でもない。アイデアと時間は絶対的なもので切り離すことはできないのだ。

本田技研工業創業者／**本田宗一郎**

開発するものによっては、袋小路を出られない場合がある。しかし、それは常識のワクだけで考えているためである場合が多い。

日清食品創業者／**安藤百福**

発明研究は、学理に基礎を置いて、しかしてそれが経済上に利あるものでなければならない。

応用化学者／**高峰譲吉**

＊ボーズは、スペック上は優れたスピーカーが人間の耳で聞くと劣悪な音を出すことに唖然としたのを契機に両者の差を研究。独自の音響理論に基づいて臨場感の豊かなスピーカを開発した。

人生の最大の喜びは、
あなたにはできない、と
言われたことをすることだ。

イギリスのジャーナリスト／**バジョット**

やりたいことが
うまくいかなかったら、
できることから突破口を探す。

物理学者／**小柴昌俊**

大きな一歩を踏み出すのを
怖がってはいけない。
小さな二つのジャンプでは、
深い割れ目をこすことはできないのだから。

イギリスの政治家／**ロイド・ジョージ**

もしそれがうまくいかなくても、
ほかの何かがうまくいきますわ。

ジェームズ・ワットの妻／**マーガレット・ワット**

ワットは産業革命の契機となった蒸気機関の発明者。高等教育を受けておらず臆病な性格で、研究は困難をきわめた。しばしば敗北感に襲われた彼を多くの人が支えたが、その中心には常に妻マーガレットがいた。彼女は実用蒸気機関が成功する三年前に惜しくも亡くなった。

偉大なことをなすには、
実行力だけでなく、
夢想力がなければならない。

フランスの小説家、詩人／**アナトール・フランス***

＊フランスは強い現世愛で貫かれた作品を残す一方、満たされない精神の象徴として悪魔を好んだ。アカデミーフランセーズ会員、ノーベル文学賞受賞などの栄光に包まれ、国葬で弔われた。

要望と現実とをすりかえてはならない。無いものはあくまで無いのだし、欠けているものはあくまで欠けているのだ。率直に先《ま》ずそれを凝視することから始めるべきだ。

思想家、評論家／**林達夫**

想像力は、知識よりも大切である。知識には限界がある。想像力は、世界を包み込む。

ドイツ出身の物理学者／**アインシュタイン**＊

物事をとことんまで突き詰めると、勘の当たりがよくなるような気がする。

物理学者／**小柴昌俊**

成功は「大胆不敵」の子供である。

イギリスの政治家、作家／**ディズレーリ**

新しいことへの挑戦をためらうな、しろうとがノアの方舟《はこぶね》をつくり、くろうとがタイタニック号をつくったのだから。

アメリカのコラムニスト／**アビゲイル・ビュレン**

＊アインシュタインはギムナジウムの学生だった頃の昼寝中に、自分が光速で光の後を追いかける不思議な夢を見た。彼はそれを忘れず、光速についての思考を重ねて相対性理論に達したという。

氷の上を滑る時には、スピードを出すほうが安全だ。

アメリカの思想家、詩人／**エマーソン**

溝《みぞ》をばずんと飛べ。危うしと思えば、はまるぞ。

江戸期の禅僧／**沢庵宗彭**＊

人は浅慮のまま行動してはいけない。だが、いざ実行する時に考え込むのもダメだ。恐れずに勇断決行せよ、との意。原文は「何事もおづるな（怖がるな）おづるな。おづれば仕損《しそこな》うぞ。平生の事、場へ出てはおづるなおづるな。溝をばずんと飛べ。危うしと思えば、はまるぞ」。

「不可能」という言葉を二度と本気で使うな。そんなものは言葉のゴミ箱に放り込んでしまえ。

アメリカの牧師／**ヴィンセント・ピール**

時間さえあれば市中を散歩して、何事となく見覚えておけ。いつか必ず役に立つ。

幕臣、政治家／**勝海舟**

ムダなことでもなんでも知ってたほうがいい。知らないと損をすることはあっても、知ってて損することはないから。

コメディアン／**志村けん**

＊沢庵宗彭は一時は幕府と対立して流罪となったが、三代将軍家光は逆に沢庵に帰依し、近侍と助言を求めた。兵法家で将軍家兵法指南役の柳生宗矩《むねのり》の親友。タクアン漬けの考案者ともいわれる。

日常的でないものにぶつかった時、
即座に応用がきくということ、
それが教養というものです。

劇作家、評論家／**福田恆存**

知識をではなく、知恵を追い求めよ。
知識は過去のものであり、
知恵は未来のものである。

アメリカ先住民・**ランビー族の格言**

明るみに出ていることの裏にも重要な事実があり、
原則には例外があり、できごとには背景がある。
ものごとはすべて条件附《っ》きのものである。

政治学者／**高坂正堯**

役に立つことを知っている者が
賢い。
たくさん知っている者ではない。

ギリシャのアンソロジー編集者／**ストバイオス＊**

自分が知っていることを最初に言うな。
情報を集めるには、まず質問して、
自分がすでに知っていることと
一致するかどうか確認せよ。

アメリカの心理学者／**デイヴィッド・リーバーマン**

＊ストバイオスは『選文集』（アンソロジー）の著述者。同書はギリシャの作家、詩人、哲学者、歴史家、雄弁家などの著述から膨大な量の抜粋を行って体系づけたもので、非常に貴重な史料である。

疑惑の目で見ることは、隠された情報の鍵をこじあける一番の方法だ。

スペインの司祭、作家／**グラシアン***

観察力の優劣は、人間に大きな差をつける。ロシアのことわざにあるように、注意力の散漫な人間は「森を歩いても薪《まき》を見つけられない」のである。

イギリスの著述家／**スマイルズ**

どこか遠くに行きなさい。仕事が小さく見えてきて、もっと全体がよく眺められるようになります。不調和やアンバランスがもっとよく見えてきます。

イタリアの芸術家、科学者／**ダ・ヴィンチ**

いいか。あの上から見おろすと、おれがカラスぐらいに見えるだろう。つまり、ものが大きくも小さくも見えるのは位置のせいだ。

イギリスの劇作家／**シェイクスピア**

どうして君は他人の報告を信じるばかりで、自分の眼で観察したり見たりしなかったのですか。

イタリアの科学者／**ガリレオ・ガリレイ**

＊グラシアンは後世の思想、哲学に大きな影響を及ぼした。特に『処世神託』は世界で愛読されている。司祭でありながら人間不信、悲観的な性格が強く、スペイン軍に従軍したこともある。

「耳に集中するときは目を殺すんだよ」と教えます。

歌舞伎役者／**十代目坂東三津五郎**

正しく見るためには二度見よ。

スイスの哲学者、文学者／**アミエル***

まずは始めてみる必要がある。最初の小さな丘に登れば、その頂上から次の丘が見える。

アマゾン創業者／**ジェフ・ベゾス**

豊かで栄光ある未来をいま計画しなさい。将来の事柄でもそれを実行するのは常にいまです。いまの努力が未来をつくるのです。

アメリカの牧師／**マーフィー**

今できないことは十年たってもできまい。思いついたことはすぐやろうじゃないか。

歌舞伎役者／**四代目市川左団次**

＊アミエルは『日記』で有名。異様に小心で自己の内部に閉じこもり、自我と思考を執拗に切り刻んだ。その分析的で精密な記述は他に類例がなく、多くの読者を惹きつけた。

今日できることを明日に延ばすな。
いつかという言葉で考えては失敗する。
今という言葉を使って考えれば成功する。

アメリカの政治家、科学者／**ベンジャミン・フランクリン**＊

「今日できることを明日に延ばすな」という言葉自体は英語の格言。米国大統領リンカーンや英国の政治家チェスターフィールドなど多くの偉人が愛用した。小説家ジェームズ・ミッチェナーも使い、「今日それを片づければ、明日はそれが楽しみになる」と続けている。

いったんやろうと思い立ったことは、
気乗りがしないとか気晴らしがしたい
などという口実で延期するな。すぐに、
たとえ見せかけであっても取りかかるべし。

ロシアの小説家／**トルストイ**

階段の最初の一歩を信頼してください。
その階段すべてが見えなくてもいいのです。
まず最初の段を上がってください。

アメリカの牧師／**ルーサー・キング**

子供の頃、遠足に行った時のことをよく
覚えているわ。疲れたなんて言いながら
歩いたりしなかった。目的地にたどり着く
ために、ただ黙々と歩いていたわ。

アメリカの女優／**キャサリン・ヘップバーン**

あきらめるな。
一度あきらめると
それが習慣になる。

アメリカ映画『**がんばれ！ベアーズ**』

＊フランクリンは勤勉、自律、合理主義といった近代的人間像を象徴し、「代表的アメリカ人」「合衆国建国の父」と呼ばれる。活躍は広範囲に及び、『フランクリン自伝』は世界で読み継がれている。

一歩ずつ前進すればいい。
完璧を求める必要はない。

アメリカ映画『**イコライザー**』

多くのことをする
手っ取り早い方法は、
一度に一つずつ片づけることだ。

アメリカの精神科医／**スマイリー・ブラントン**

平凡なことを
毎日平凡な気持ちで実行することが、
すなわち非凡なのである。

フランスの小説家／**アンドレ・ジード＊**

ゆっくり歩いて休まない。
そんな人には
誰にもかなわない。

バングラデシュの格言

「あんた進路決めたの？」
「ううん。やっぱりまだわかんないけど……
でもいいの。決めたの。
一つずつできることからやる」

日本のアニメ映画『**秒速5センチメートル**』

＊ジードの多くの作品には妻マドレーヌの存在が見え隠れする。彼は同性愛者で妻と性交渉を持たず、しかし生涯愛し続けた。政治に積極的で植民地主義やスターリン主義をいち早く批判した。

いったん自分が好きで選んだことは、
成功するにしろ、失敗するにしろ、
結果が出るまでとことんやり抜きなさい。

元競泳選手／**前畑秀子**

押し続けよ。
この世で粘り強さに
代わるものはない。

マクドナルド創業者／**レイ・クロック***

やりたいことをやり続けたら、
周りがあきらめてくれるのよ。

シンガーソングライター／**矢野顕子**

最初のステップは、
まず始めることです。
次のステップは、続けることです。

アメリカの聖職者／**H・デビッド・バートン**

雨だれが石を穿《うが》つのは、
激しく落ちるからではなく、
何度も落ちるからだ。

古代ローマの詩人、哲学者／**ルクレティウス・カルス**

＊クロックは、マクドナルド兄弟が営んでいた清潔で効率的なハンバーガー店のフランチャイズ権を獲得し、革新的な出店法で世界チェーンを築き上げた。その功績によって創業者と呼ばれている。

続けることが大事なのではなく
「続けられる方法でやるのが
大事なのだ」と思っています。

円周率暗唱記録保持者／**原口證**

一度の雨では
作物は育たない。

アメリカ先住民・**ルイジアナクレオール族の格言**

一夜にして成功するには
二十年かかる。

アメリカの俳優／**エディ・カンター**

やめたくなったらやめる。
やりたくなったら始める。

元競泳選手／**千葉すず**＊

苦しいってことは
飽きるってこと。

エチオピアの元マラソン選手／**ファツマ・ロバ**

新しい習慣を身につけるには快感と結びつけるのが常道だ。苦痛は絶対に避ける。習慣化とは、自制心がなくても自動的にやれるようになることだからだ。「モチベーションがあなたを動かし始めるが、習慣があなたを前進させ続ける」とモチベーション啓発家ジム・ローンも言っている。

＊千葉すずは日本スポーツの根性論に疑問を呈し、「五輪を楽しむ」と発言。今では普通の言葉だが、当時は一部の人に反発された。2度の五輪に出場した後、次のシドニーでは代表から外されている。

悪い変化が起きた時は
対応（how）を考える、
よい変化が起きた時は
その理由（why）を考える。

臨床心理士／**信田さよ子**

最も強い者が生き残るのではなく、
最も賢い者が生き残るのでもない。
唯一生き残るのは、
変化できる者である。*

イギリスの博物学者／**チャールズ・ダーウィン**

山は西からも東からでも登れる。
自分が方向を変えれば、新しい道はいくらでも開ける。

パナソニック創業者／**松下幸之助**

臨機応変であることは、
厄災のさいに役立つ。

古代ギリシャの悲劇詩人／**エウリピデス**

人に取られたものを欲しがる必要はなか。
諦める必要もなか。
譲ってやって、もっと大きな餅《もち》ば狙え。

ヨシノサツキ／漫画『**ばらかもん**』

＊自然淘汰による進化論を端的に述べた言葉。ダーウィンは「すべてのものの始まりの謎は私たちには説明できない。自分には証明し切れないものとして満足しなければならない」とも言っている。

実行、努力までならみんなする。そこでやめたらドングリの背比べで終わりなんだ。一歩抜きん出るには、努力の上に辛抱という棒を立てるんだよ。この棒に花が咲くんだ。

落語家／**桂小金治**

すべてものごとには終わりがある。したがって忍耐は成功を勝ち得る唯一の手段である。

ロシアの小説家／**ゴーリキー**＊

自分が死んだ馬に乗っていることに気がついた時には、なにはともあれその馬からおりるべし。

アメリカ先住民・**ダコタ族の格言**

「もうダメだ！」と思った時が「頭ひとつ抜け出す」時。気を抜くな。

オーストラリアの元テニス選手／**ロッド・レーバー**

辛抱が人を大きくする。辛抱とは責任を果たすということである。

大相撲立行司／**二十七代木村庄之助**

＊ゴーリキーは無数の職業を転々としながら独学した。その孤独感から自殺を図ったり、ニコライ2世に嫌われたり、レーニンに批判を受けたりという波瀾万丈の生涯の中で、多くの作品を残した。

野球をやめる時には「お前はよくやった。全部の力を出し切った」と自分に言ってやりたい。だが、その日までは俺は決して自分に満足することはない。

アメリカの元プロ野球選手／**マイク・ピアザ**

甘えが大敵。ここまでよくやってきた、なんてちょっとでも自分に妥協したらダメなんだ。

プロゴルファー／**青木功**

物事は、もっとやってみれば、もっとできるものである。

イギリスの批評家／**ヘイズリット***

虹を見たいなら、雨を我慢しなくちゃ。

アメリカの歌手／**ドリー・パートン**

人間としての修養というとえらく難しく聞こえるが、簡単にいえば「バカになること」なんだ。

王子製紙元社長／**藤原銀次郎**

＊ヘイズリットは肖像画家を目ざしていたがジャーナリストに転じ、政治記者、演劇・美術評論家となった。貧困と孤独の中で没したが、最期の言葉は「まあ、幸せな人生だったな」だった。

あと少しの努力、あと少しの時間、感謝のやさしい言葉、自分ができる最大限のことをケチるな。

アメリカの自己啓発作家／**オグ・マンディーノ**

人間は鈍《どん》でなくっちゃいけません。

三井物産設立者／**益田孝**

あとどれくらい行かなくてはならないのかと、尋ねるたびに目的地は遠ざかる。

アメリカ先住民・**セネカ族の格言**

凡庸《ぼんよう》な者でも、一心不乱である限り、多少の物事を成し遂げる。

陸軍軍人／**秋山好古＊**

待つだけの人にも何かが来るかもしれないが、それは努力した人の残り物だけだ。

第十六代アメリカ大統領／**リンカーン**

＊秋山好古は日本騎兵の父。陸軍騎兵学校を参観に来たフランス軍人に「彼の生涯の意味は、満州の野で世界最強の騎兵集団（コサック）を破るというただ一点に尽きている」と評されたという。

私たちの諸行為の半ばまでを運命の女神が支配しているのは事実だとしても、残る半ばぐらいまでの支配は、彼女が私たちに任せているのも事実である。

イタリアの政治理論家／**マキャベリ**

好きやったら好きで、一生懸命やりなはれ。そしたら自然にでけるようになる。あとはとことんまでやり抜くだけや。

サントリー創業者／**鳥井信治郎**

努力する奴はグチを言いませんよ。

落語家／**六代目柳家小さん**

祈るだけでは勇気は得られない。努力を重ねつつ祈るのだ。

元プロボクサー／**イベンダー・ホリフィールド＊**

好きなものを一つやめてみたら？

将棋棋士／**木村一基**

＊ホリフィールドはヘビー級王座に4度のカムバックを果たした唯一のボクサー。クルーザー級とヘビー級の3団体統一王者でもあり、2階級で統一王者になったのも彼一人だ。

努力の成果なんて目には見えない。
しかし、紙一重の薄さも
重なれば本の厚さになる。

元マラソン選手／**君原健二**

事業家でも芸術家でも、どこかで人生を賭けた大一番の勝負をしているはずです。一度は寝食《しんしょく》を忘れ、すべてを注ぎ込む時期を経ないい限り、道はひらけていかないと思います。

囲碁棋士／**張栩**

努力が必ず報われるとは限りません。
努力プラス何ができるか、だと思います。

元フェンシング選手／**太田雄貴**

なにもかもすべてやろうとしたり、すべてが正しく行われることを期待していると、いつか失望するはめになります。完璧主義は敵です。

アメリカの経営者／**シェリル・サンドバーグ**

覚悟ってのは、どこかでぽきりと折れちまったりする。
納得ってのは、どんなに曲げられても、
折れやしねえんだよ。*

小説家／**北方謙三**

＊北方謙三の小説『楊令伝』（『水滸伝』の続編）の中で、陥落して再起を図る元梁山泊《りょうざんぱく》のメンバーが言う言葉。「折れたら、折れたところで納得する。うまく言えねえが、そんな感じさ」と続く。

一試合にわたって集中力を持続するには、
適度にリラックスすることが
絶対に必要だと思う。

アメリカの元プロテニス選手／**ジミー・コナーズ**

むしゃくしゃしている時は
何もするな。どうせ何をやっても
いい結果は出ない。

スペインの司祭、作家／**グラシアン**

大事なのは、勝ちたいという気持ちではない。
それは誰でも持っている。
大事なのは、勝つための準備をすることだ。

アメリカのフットボールコーチ／**ポール・ブライアント**

休むには
「勇気」がいります。

元マラソン選手／**瀬古利彦**

人間は、
休む時の度胸が
いちばん大事や。*

小説家／**山崎豊子**

＊山崎豊子が新聞記者時代に書いたデビュー作『暖簾』の中の言葉。同作はすぐに映画化され、山崎は人気作家となった。『白い巨塔』や『不毛地帯』『二つの祖国』『大地の子』の戦争三部作でも知られる。

戦いは五分の勝利をもって上とし、七分を中とし、十分を下とする。五分は励みを生じ、七分は怠りを生じ、十分は驕《おご》りを生ず。

戦国武将／**武田信玄＊**

人生はすべての戦いに勝つ必要はない。自分にとって意味のある戦いに勝てばいい。

香港の俳優／**ジャッキー・チェン**

勝つためには、一度ならず何度も戦うべきだ。

元イギリス首相／**サッチャー**

最後は自分のボクシングを貫徹できるかどうか、それだけなんだよね。

元プロボクサー／**薬師寺保栄**

ほかのアスリートと競ったことなんかない。私は完璧と競ってきた。

アメリカの元陸上競技選手／**カール・ルイス**

＊武田信玄は上杉謙信との戦いや家康信長連合軍の撃破で知られる一方、領地経営でも腕を振るった。信玄堤の構築で治山治水の功を立て、交通路を整備して伝馬制度を確立させている。

相手を本当にやっつけようと思ったら
じっと辛抱しながら、
時機を待たなければだめだ。

政治運動家／**徳田球一***

自分に勝てない人間が
勝とうなんて甘い。

元プロボクサー／**辰吉丈一郎**

どうしても言い分を通そうと思って
一つ事だけ言っていれば、
必ず勝つに決まっているものだ。

ドイツの詩人、劇作家／**ゲーテ**

「勝てないなら、走らない」
「走らなきゃ勝てないわ」

イギリス映画『**炎のランナー**』

相手は強い。
お前が平幕なら、向こうは横綱だ。
しかし、だからこそ勝機がある。
向こうは勝って当たり前だからな。

日本映画『**シコふんじゃった**』

＊徳田球一は日本共産党の代表的活動家。武装闘争を指導するなど激越で、家父長的な面もあったが、全体的にカラッとした人柄で、党内はもとより政敵の吉田茂や石橋湛山からも好かれた。

攻撃態勢にある
ガラガラ蛇と出あったら、
先に攻撃せよ。

アメリカ先住民・**ディネ族の格言**

気にくわないことがあれば、
それを変えなさい。
変えることができなければ、
向き合う姿勢を変えなさい。

アメリカの作家、活動家／**マヤ・アンジェロウ**＊

勝負をしない奴には勝ちも負けもないと思ってるんだろ？
でもそれは間違いだ。せっかくのダイヤモンドで
勝負できない奴はもう負けてるんだよ。

ミュージシャン／**忌野清志郎**

差を埋めるのは
技術や戦術じゃない。
気持ちなんだ。

元プロ野球選手、監督／**星野仙一**

追っていけば
追いつける。

元マラソン選手／**市橋有里**

＊アンジェロウは黒人解放運動指導者マルコムＸの新組織創立を助け、さらにキング牧師とともに公民権運動を推進した黒人女性。『自伝』が高く評価された。ヤングアダルト小説なども執筆した。

私は他人と争わざるを得ない時はいつも、相手がくたびれるのを待つことにしている。

アメリカの投機家／**ジェイ・グールド＊**

人間は負けたら終わりなのではない。やめたら終わりなのだ。

第三十七代アメリカ大統領／**ニクソン**

アマチュア写真家とプロの違いは、アマは考えてチャンスを逃がす。プロはまずチャンスをつかんで、考えるのはあとにする。

英仏合作映画『**マルセイユ特急**』

成功の八〇パーセントは、その場に現れること。

アメリカの映画監督、俳優／**ウディ・アレン**

その場にいなければ、分け前にはありつけない。

アラブの格言

＊グールドは悪徳資本家の典型とされる。1869年の暗黒の金曜日を演出したこと、鉄道事業でのスト発生時「私なら労働階級の半分を雇って残り半分を殺すこともできる」と放言したことなどが原因。

人の一生には「焔《ほのお》の時」と「灰の時」があり、「灰の時」は何をやってもうまくいかぬ。そんな時は何もやらぬのが一番いい。ところが小心者に限って何かをやらかして失敗する。＊

幕臣、政治家／**勝海舟**

やるか、やらないかだ。やってみる、ではない。

アメリカ映画**『スター・ウォーズ 帝国の逆襲』**

正しいことをするのに、頃合いを選ぶ必要などない。

アメリカの牧師／**ルーサー・キング**

帆を張ってさえいれば、風が吹き始めた時に、その風に乗ることができる。

ドイツ系のイギリスの経済学者／**E・F・シュマッハー**

人生は椅子取りゲーム。満員電車に乗り込み、あきらめて途中下車せずに立ち続けていたら、あるとき目の前の席が空いた。

漫画家／**やなせたかし**

＊フランスの詩人アンリ・ド・レニエにも「人生には『灰の時』と『炎の時』がある。なすべき何事もない時は、何もすべきではない」という言葉が伝わっている。

名言大誤解

天は人の上に人を造らず人の下に人を造らず

啓蒙思想家、慶應義塾大学創立者／**福澤諭吉**

言いたかったのは「現実は不平等」という事実

平等主義の理想を高らかに謳《うた》っているようだが、必ずしもそうとはいえない。なぜなら、この一文の下に、「と言えり」という言葉がくっついているからだ。

福澤はアメリカの独立宣言を翻訳し、日本に広く紹介した人。それを踏まえて原典の『学問のすゝめ』を読むと、この一文は「アメリカの独立宣言前文ではそう言われているんだけどね。でも日本の現実は全然違う。それはなぜか？」というわけで本論に入ります」という流れの中に位置することがわかる。つまりは、本文冒頭に置かれたキャッチコピーなのである。

本論は、もちろん学問の奨励だ。

明治維新によって身分制がなくなったはずの日本で、貧富や賢愚といった格差が厳然とあるのは、ひとえに学問のあるなしが理由である。だから勉強せよ。特に経済学、科学、地理歴史といった実学を学ぼう。学問さえあれば「人の下」につくことはない。

このように学問オールマイティを力強く宣言した『学問のすゝめ』は、十七編で三百四十万部という大ベストセラーとなった。当時の人口三千五百万人からすると、現在の約一千二百万部に相当するという。

第8章

教養と人間力を磨く名言

目の前の課題だけに追われていては、人間的な成長はままなりません。時には日常を離れ、自己を俯瞰する時間を持ちましょう。本章には理想と現実、自己と社会、人徳、無心など、視点を変える名言が揃っています。自分と戦争、自分と国家といったテーマへも案内してくれます。

自分という人間は世界で一人しかいないことを忘れるな。この世界に存在する特別な理由があったからこそ、生まれてきたという事実を忘れるな。

アメリカの思想家、建築家／**バックミンスター・フラー**

自分で自分が信じられなくなるようなことをしちゃだめ。あなたのすることがすべて、あなたそのものなのよ。

アメリカのロック歌手／**ジャニス・ジョプリン**

私にわかったのは、完璧な人間なんていないということ。自分にこれ以上の完璧さを求めてはいけないということ。

アメリカのシンガーソングライター／**カーリー・サイモン**

自己に執着すればするほど、人は真の自己を失う。自己をなくせばなくすほど、人はその人自身になる。

ドイツの児童文学作家／**ミヒャエル・エンデ***

「どうやったら自分のことを理解できる?」「自我を捨てるんだ」

アメリカ映画『**ドント・ウォーリー**』

＊エンデは時間泥棒に時を盗まれた少女の物語『モモ』の世界的ヒットと、映画化された『はてしない物語』で知られる。父は著名なシュールレアリスム画家。妻は翻訳家の佐藤真理子。

どんなものであろうと、持って生まれたものを大切にしろ。
自分に与えられた天分を放棄するな。
自然が意図した通りに生きろ。そうすれば成功できる。

イギリスの提督／**サー・シドニー・スミス**

明るい性格は
財産よりもっと尊い。

アメリカの鉄鋼系実業家、慈善事業家／
アンドリュー・カーネギー

他人が笑おうが笑うまいが、
自分の歌を歌えば
いいんだよ。

芸術家／**岡本太郎**

退屈な人間は千人に一人しかいません、
そして千人に一人しかいないくらいだから、
それはおもしろい人間です。

イギリスの政治家／**ハロルド・ニコルソン**＊

「あんた、変わってる」
「ごめん」
「ううん。ほめ言葉よ」

アメリカ映画『**ドニー・ダーコ**』

＊ニコルソンは外交官、歴史家、作家でもあり、彼が著したジョージ5世の伝記は平成天皇の帝王教育に用いられた。ヴェルレーヌやバイロンといった文学者の評伝も多く著している。

かけがえのない人間になるためには、
常に他人と
違っていなければならない。

シャネル創業者／**ココ・シャネル**

僕には変な癖があるけど、
捨てなかった。
それが僕の個性だから。

アメリカの歌手／**ボブ・ディラン**

ディランは二〇一六年にノーベル文学賞の授賞式を欠席し、「変人」「傲慢」と批判された。だが、その個性的な行動を「ディランらしい」と喜ぶ人も多かった。癖や行動の偏りは、長所や才能の裏返しであることがしばしばだ。無理に「人のふり見てわがふり直す」ことはない。

下手《へた》と組まず、上手《じょうず》と組む。
下手と付き合わず、下手と外《そと》歩かず。
巻添《まきぞえ》にならぬように、
引き摺《ず》り込まれぬように。

歌舞伎役者／**五世市川団十郎**

人間は少しぐらい
品行は悪くてもよいが、
品性はよくなければいけない。

映画監督／**小津安二郎***

あの青年は人のしあわせを願い、
人の不幸を悲しむことのできる人だ。
それがいちばん人間にとって
だいじなことなんだからね。

藤子・F・不二雄／漫画『**ドラえもん**』

＊小津安二郎はカメラをほとんど移動させず、低位置に固定するローポジションの撮影技法などで国際的に高い評価を受けている。冗談好きだったが繊細な性格で、特に女性に対してはシャイだった。

馬鹿にもさまざまな種類の馬鹿があって、
利口なのも馬鹿のうちの
あまり感心しない一種であるようです。

ドイツ出身の小説家／**トーマス・マン**

どのような人間でも、
近づけば小さく見える。

ユダヤの格言

豊かな人間とは、
自身が富であるような人間のことであって、
富を持つ人間のことではない。

科学的社会主義の創始者／**カール・マルクス***

山は近づけば
それだけ大きく見えます。
お偉い方々と山の違いは、
この点ですわね。

アイルランドの小説家／**マーガレット・ブレシントン**

人間性について絶望してはいけません。なぜなら、
私たちは人間なのですから。

ドイツ出身の物理学者／**アインシュタイン**

＊歴史を変えた思想家マルクスはかなりの浪費家だった。若い頃は親からの潤沢な仕送りを遊興に費やし、亡命後も貧困につきまとわれた。そんな彼を公私ともに支えたのが裕福なエンゲルスだった。

どんな人間なのか。
それを決めるのは能力ではない。
どういう選択を積み重ねていくかだ。

アメリカ映画『**ハリー・ポッターと秘密の部屋**』

外に何かを求めるのはやめて、
自分の内へと戻ってきなさい。
真実は人間の内にこそ宿るのだから。

初期キリスト教の教父／**アウグスティヌス**＊

心には
理性では
わからない理屈がある。

フランスの科学者、哲学者／**パスカル**

正義とか快適とか、
一方向にしか向かわない言葉は、
心を狭くする。

医師、ノンフィクション作家／**徳永進**

「遺伝」「環境」「性格」なども一方向に向かいがちな言葉だ。「みんな」「いつも」「常識」「普通」「絶対」なども心を狭める力が強く、使い方に要注意である。こんななにげない常套句に本音が出るものだ。人を「決めつけない」「批判しない」「裁かない」ように常に自戒したい。

いつも投げ出して逃げてしまうあなた。
「あきらめ」「投げ出したい心」を鎮めた時、
本当のやすらぎが手に入るのですよ。

アメリカの小説家／**マーク・トウェイン**

＊アウグスティヌスは女性との15年の同棲の末にマニ教を経てキリスト教に回心した聖人。神の国は永遠であり俗世に絶対的に優越すると説く一方、人間を心身一如の存在としてとらえようとした。

人生を大切に思うと言われるのか。
それならば、
時間をむだ使いなさらぬがよろしい。
時間こそ、人生を形づくる材料なのだから。

アメリカの政治家、科学者／**ベンジャミン・フランクリン**

一日一生。
一日は貴い一生である。
これを空費してはならない。

キリスト教指導者／**内村鑑三***

人生に正解があると思っちゃだめだぞ。
そんなものはない。
大切なのは、正解がないまま生きていくってことなんだ。

アメリカ映画『**サムサッカー**』

人生とは生きることと、好奇心を生かして
働くこと。どんな理由があろうと、
人生を重荷に思ってはだめよ。

F・ルーズベルト大統領の妻、婦人運動家／**エレノア・ルーズベルト**

人生は挑まなければ、
応えてくれない。
うつろに叩《たた》けば、
うつろにしか応えない。

小説家／**城山三郎**

＊内村鑑三は札幌農学校同期の新渡戸稲造らと生涯を2つのJ（イエスとジャパン）に捧げると誓い、教師、『萬朝報』英文欄主筆、『東京独立雑誌』『聖書之研究』創刊、社会改革運動などに奔走した。

ただ息を吸ったり吐いたりしてるだけじゃ、
生きてるとは言えない。
ハッと息をのむ瞬間の積み重ねこそが、本当の人生なのさ。

アメリカ映画『**最後の恋のはじめ方**』

私たちのつとめは
人生に意味を与えること。

ハンガリー出身の小説家／**エリ・ヴィーゼル***

人生の半分はトラブルよ。
あとの半分は、それを
乗り越えるためにあるの。

アメリカ映画『**八月の鯨**』

人生に解決などない。
あるのはただ、
前進してゆく力だけだ。

フランスの作家／**サン＝テグジュペリ**

立ち止まるな。
人生とは変化の連続だ。
すべての舞台は、
次の舞台の幕開きへとつながっている。

イギリスの劇作家／**バーナード・ショー**

＊ヴィーゼルはナチスのユダヤ人強制収容所アウシュヴィッツから生還した一人。家族が殺されるのを目撃した体験を著作に綴り、人権問題、人種差別反対運動を展開した。

人生は宿だ。毎朝、新たな訪れがある。喜び、憂鬱《ゆううつ》、卑しさ、一瞬の気づきが予期せぬ客としてやって来る。そのすべてを歓迎し、もてなしなさい。

ペルシャの詩人、神学者／**ルーミー**

人生は芝居のごとし。上手な役者が乞食になることもあれば、大根役者が殿様になることもある。とかく、あまり人生を重く見ず、捨て身になって何事も一心になすべし。

作者未詳＊

人生の節目となる瞬間は、自分ではそれとわからない。

アメリカ映画『**フィールド・オブ・ドリームス**』

人生はいつでもやり直せる。この瞬間にも。

アメリカ映画『**バニラ・スカイ**』

常に人生には満足し、おのれには満足するな。

アメリカの演劇評論家／**ジョージ・ネイサン**

＊よく福澤諭吉の言葉とされるが、そうではない。慶應義塾大学福澤研究センターの調査でも、福澤の言葉ではないとされている。なぜ福澤の言葉とされるのか、本当の発信者が誰なのかは不明だ。

夢を素早くつかみなさい。夢が死なないうちに。
人生は羽の傷ついた鳥で、
飛ぶことができないのだ。

アメリカの小説家、詩人／**ラングストン・ヒューズ***

夢を聞けば
その人物がわかる。

アメリカ映画『**プライド**』

大志は空を飛ぶこともできれば、
同じように地を這《は》うこともできる。

イギリスの政治家、思想家／**エドマンド・バーク**

人間、
夢と欲があるから
努力するのとちゃうか。

プロゴルファー／**杉原輝雄**

夢見るのはいい。
だが、目はしっかり
開けておくんだな。

伊・スペイン合作映画『**豹ジャガー**』

＊ヒューズはハーレムルネサンスの中心的存在。アフリカ系、ユダヤ系、ネイティブアメリカン系の混血一家で生まれ、人種差別に抗して黒人意識とブルースの心を自由な詩形で歌いあげた。

「一番」というよりも「唯一」という言葉のほうが、
僕の人生では
すごく大切な位置を占めてきたような気がする。

アメリカの元プロ野球選手／**ノーラン・ライアン**

鼠《ねずみ》の気持ちでは
チーズしか得られない。
大きいものを得ようとするなら
狼《おおかみ》の気持ちになれ。

アメリカ映画**『鑼を上げて』**

大切なのは
何が与えられているかではなく、
与えられているものを
どう使うかである。

オーストリアの精神医学者／**アドラー**

おもしろいもので、
自分にないものがわかると、
今度はあるものを
最大限に生かそうと思うんです。

元マラソン選手／**有森裕子**

自分の考えた通りに
生きなければならない。
そうでないと、
自分が生きたように考えてしまう。

フランスの詩人、批評家／**ポール・ブールジェ**＊

＊ブールジェは詩人としては大成せず、スタンダールの再評価、科学万能主義の批判などによってアカデミーフランセーズに選ばれた。カトリックから無神論になり、さらにカトリックへ回心している。

自分に欠けているものを気に病む人は、
備わっている大事なものを思えばいい。
それだけで悩みは消える。

アメリカの自己啓発作家／**デール・カーネギー**

ここまで来られたのも、
ボクシング以外に私には
できることがなかったから。

アメリカの元プロボクサー／**マイク・タイソン**

人のせいで、
あなたの一日を
台なしにしないこと。

アメリカの自己啓発作家／**オグ・マンディーノ**＊

自分のビジョンがあるなら、
そのために戦えよ。
他人の夢のために、
自分の人生の時間を使ってどうする？

アメリカ映画『**エド・ウッド**』

他人が決めつけた人生を
受け入れるな。
自分の人生は自分で決めろ。

アメリカの俳優、歌手／**ハーヴェイ・ファイアスタイン**

＊マンディーノは仕事も家も家族も失ったどん底時代に多くの成功哲学の本を読んで立ち直り、「世界で最多の読者を持つ」「22ヵ国で3600万部を売り上げた」とされるベストセラー作家になった。

他人の期待より、自分自身に対する期待を大切にする。

騎手／**武豊**

自分は勝《すぐ》れていると考えてはいけない
また自分は劣っていると考えてもいけない
さらに自分は等しいと考えてもならぬ

仏典『**スッタニパータ**』

自戒の言葉は「おいあくま」
──怒るな　威張るな　焦るな　腐るな　負けるな

住友銀行元頭取／**堀田庄三**＊

自分のなかのよきものを育てたいと思えば、ソントクのある関係からは離れていたほうがよいのです。

フェミニスト、社会学者／**上野千鶴子**

三つのことを「心の杖《つえ》ことば」にしている。「無理をしない、無駄をしない、無精をしない」の「三無」である。

禅僧、龍源寺元住職／**松原泰道**

＊堀田庄三は「堅実経営による経営健全化」「情実や因縁にとらわれず合理性に立脚」「凡百の議論より実践」の合理主義的経営を標榜し、ブリヂストンや武田薬品といった大企業の育成に力を尽くした。

生まれ変わるなら、生きているうちに。

アミュプラザ長崎コピー

森の中で道が二つに分かれていた。私は、人があまり通っていない道を選んだ。それですべてが変わったのだ。

アメリカの詩人／**ロバート・フロスト**

原詩では、「人があまり通っていない」ことより、「選んだ」行為に重点が置かれている。独自の道、正しい道などはなく、選んだ道が独自で正しいものになっていくということだ。選ばなかった道は永遠に失われる。一つの道しか選べないのが人生であり、選択の積み重ねが自己を形成していく。

性格は一生変えられないわ。怠け者は怠け者、臆病は臆病。でもね、考え方は変えられる。考え方を変えるのよ。

フィンランドの作家／**トーベ・ヤンソン**

妄想するよりは活動せよ。疑惑するよりは活動せよ。

政治家／**後藤新平***

他人に要求することを先《ま》ず自分に要求せよ。

小説家／**武者小路実篤**

＊後藤新平は日本帝国主義時代の代表的政治家。植民地経営、都市政策、衛生行政などに業績を残した。関東大震災後には、提案した「東京市改造計画案」が大幅削減されながらも復興に尽力した。

あなたを支配するのは
出来事ではない。
その出来事に対する
あなたの見方が支配するのだ。

古代ローマの皇帝／**マルクス・アウレリウス**

どんな自分になるのか。
それを選ぶのは
自分自身だ。

アメリカ映画**『スパイダーマン』**

けっして銀や金だけが通貨なのではない、
徳もまたすべての人間にとっては通貨なのだ。
それを用いるべきである。

古代ギリシャの悲劇詩人／**エウリピデス**

ふだんを変える。
それがいちばん
人生を変える。

本田技研工業コピー

人間には、
いかに円《まる》くとも、
どこかに角《かど》がなければならぬ。

実業家、日本近代資本主義の指導者／**渋沢栄一**＊

＊渋沢栄一の業績は言うまでもなく巨大だ。創出した組織だけでも、数多くの銀行、鉄道会社、建設会社など500社に及ぶ。商工会議所、証券取引所や大学、病院の設立など現代日本の骨格を形成した。

丸くともひとかどあれや
人ごころ、
あまりまろきは転びやすきぞ。

禅僧／**一休宗純**

司馬遼太郎の小説『竜馬がゆく』では坂本竜馬の言葉として取り上げられた。「円満温厚な性格は素晴らしいが、それだけだと、つけこまれたり軽んじられたりすることがある。ちょっととがったところ、少々のこだわりがあるほうが生きやすい」といった意。

自分に弁解するな。自分を憐《あわ》れむな。
自分に対しては厳しい主人に、
人に対しては寛大になれ。

アメリカの牧師／**ヘンリー・ビーチャー**

貧しくても、
生活を愛したまえ。

アメリカの思想家／**ソロー**＊

どれほど稼いだかということを尺度にして
人生を歩んでいくなら、
遅かれ早かれ厄介な問題に巻き込まれる。

アメリカの投資家／**ウォーレン・バフェット**

僕がこれほどのことを
できたのは、
お金がなかったからだ。

アップル創業者／**スティーブ・ウォズニアック**

＊ソローは生涯定職につかず、2年あまり丸太小屋で自給自足の生活をして生態系保護運動の先駆者ともされる。ただし隠棲はせず、米国の奴隷制度やメキシコ戦争に反対するなど社会的にも活動した。

多く持っていない人が貧しいのではなく、
多く欲しがる人が貧しい。

スペインの格言

貧乏は
するもんじゃやねぇ。
味わうもんだ……。

落語家／**古今亭志ん生＊**

貧乏は
犯罪ではない。

モンゴルの格言

人は自分が欲望を持つのは
罪がないと思うくせに、
他人が欲望を持つのは
許しがたいことだと考える。

フランスの小説家／**プルースト**

引っ込めることの
できないところまで
腕を伸ばすな。

イギリスの詩人／**ウォルター・スコット**

＊「貧乏はするもんじゃねぇ。『たしなむ』もんです」という言葉も伝わる。志ん生には、『びんぼう自慢』『なめくじ艦隊』（なめくじだらけの貧乏長屋に象徴される貧乏一代記）などの著書もある。

世界中の誰もが自分を称揚しても、
世界中の誰もが自分を見捨てても、
私は独り静かに座っている。

アメリカの詩人／**ホイットマン**

隠れて
生きよ。

古代ギリシャの哲学者／**エピクロス**

エピクロスは快楽主義で知られるが、彼の「快楽」は、欲望にまみれることではなく、俗世を離れた質素な生活による心の静けさのことだった。同様の言い回しに、古代ローマの詩人オウィディウスの「よく隠れし者、よく生きたり」があり、哲学者デカルトが座右の銘にしていた。

お前の目はいつも星に向けておけ。
そして足はしっかりと
地面につけておくことだ。

第二十六代アメリカ大統領／**セオドア・ルーズベルト**

理想を失わない現実主義者に
ならないといけないんです。
理想のない現実主義者なら
いくらでもいるんですよ。

アニメーター／**宮崎駿**

あなたがいま
夢中になっているものを大切にしなさい。
それはあなたが
真に求めているものだから。

アメリカの思想家、詩人／**エマーソン***

＊エマーソンはコンコードの賢者と呼ばれ、1500回に及ぶ講演によって米国の知性を先導した。さらに彼は万物は神とつながっているので神聖であり、イエスは偉大なる人間にすぎないと宣言した。

君の馬車を
星につなげ。

アメリカの思想家、詩人／**エマーソン**

永遠の命と思って夢を持ち、
今日限りの命と思って
生きるんだ。*

アメリカの俳優／**ジェームズ・ディーン**

毎日を
最後の一日のように
思いつつ生きよ。

古代ローマの哲学者、政治家／**セネカ**

一日の決算は一日にやる。
失敗もあるであろう。
しかし、昨日を悔やむこともしないし、
明日を思い煩《わずら》うこともしない。

東芝元社長、経団連元会長／**土光敏夫**

二つの矢を持つことなかれ。
後《のち》の矢を頼みて始めの矢に
なおざりの心あり。

鎌倉時代の随筆家、歌人／**吉田兼好**

『徒然草』第九十二段の一節。弓道の師匠が初心者を戒めた言葉。二本の矢を持つと「まだ二本目がある」と心のどこかで油断してしまい、一本目の矢に百パーセントの本気がこもらなくなるものだ。「射るたびに、当たり外れを考えず、この一本で決着をつけようと思え」と続いている。

＊「明日死ぬと思って生きなさい。永遠に生きると思って勉強しなさい」という言葉も有名だ。発言者はガンジー、カトリックの聖人など諸説があり、一種の格言と考えたほうがよさそうだ。

「明日の舞台を考えて語ってはいかん。
今日一日の舞台に全身全霊を打ち込むのや」。
それが亡父の教訓でした。

浄瑠璃太夫／**四世竹本津太夫**

実力以上に立派な人間であろうと
してはならない。できそうもない
ことを自分に求めてはならない。

ドイツの哲学者／**ニーチェ**

中くらいでいい、
そこにちょっぴり
いいものがありさえすればいい、
そういう生き方はできませんか。

小説家／**古山高麗雄**

花は誰かのために
咲いているのでは
ありません。

中国の仏教書『**碧巌録**』

原文は「百華《ひやつか》春《はる》至《いた》って誰《た》がためにか開く」。春になると花が咲き乱れる。それは誰のためかと問いかける句だ。花はただ命のままに咲く。その無心が美しいのだ。人間も「よく思われたい」「対価を得たい」といった欲を手放してただ生きる時、命が最も輝くといった含意であろう。

最も激しい争闘中にも温和であり、
悪人の間にあっても善良であり、
戦いの最中にも平静でありたいものである。

戦没学生／**中村徳郎**＊

＊中村徳郎は東大在学中に学徒兵として出陣しフィリピンで戦死したが、弟の克郎に手記を託していた。克郎が兄ら戦没学生たちの遺稿を編纂して出版した『きけわだつみのこえ』は大反響を呼んだ。

人を判断する時は、
その人が何を答えるかではなく、
何を問うかで判断せよ。

フランスの啓蒙思想家／**ヴォルテール**

彼らの言うところに耳を傾けるより、
むしろ彼らのなすところについて
確かめよ。

ドイツ出身の物理学者／**アインシュタイン**

人を富や地位で評価するな。
なんでもいいから長所を見つけ、
それを尊重せよ。

イギリスの政治家、著述家／**ウィリアム・コベット＊**

相談相手を選ぶなら、
近所の子供たちと一緒にいる
その人物をよく観察せよ。

アメリカ先住民・**ラコタ族の格言**

地球を救ったり、人類愛を言い始めるのは芸のない証拠。
自分を長持ちさせるために
一番逃げ込みやすいところなんです。

ルポライター／**竹中労**

＊コベットは社会的弱者を共同体が守っていた古きよき英国を理想とした。農園を経営しながら農業技術を積極的に改善し、デモクラシーの匂いをたたえた重農共和主義者だと評された。

天使とは
美しい花をまき散らす者ではなく、
苦悩する者のために戦う者である。

イギリスの看護婦／**フローレンス・ナイチンゲール＊**

悪人を倒すことよりも、弱い人を助ける。
ぼくが望む正義は、
それほど難しいことではないのです。

漫画家／**やなせたかし**

われわれは、「天に代《かわ》りて不義を討」って
いるつもりのときに、
いちばん悪いことをする。

心理学者／**岸田秀**

自由と我儘《わがまま》との界《さかい》は、
他人の妨げをなすと
なさざるの間にあり。

啓蒙思想家、慶應義塾大学創立者／**福澤諭吉**

愛国心は、
ならず者たちの
最後の避難所である。

イギリスの文学者／**サミュエル・ジョンソン**

＊ナイチンゲールはクリミア戦争の死者のほとんどが戦死でなく病死だと証明し、兵士や市民の健康運動を展開した。証明には独自のグラフを使い、彼女は今も米国統計学会の名誉会員だ。

私たちが抱える問題は、人間がつくり出したものだ。
したがって、人間が解決できる。

第三十五代アメリカ大統領／**Ｊ・Ｆ・ケネディ**

一つの嘘は嘘であり、
二つの嘘も嘘であるが、
三つの嘘は政治である。

ユダヤの格言

政治はあくまで
「お手伝い」の役割を
超えてはならない。

政治学者／**福永文夫**

権力は腐敗する。
絶対的権力は
絶対に腐敗する。

イギリスの思想家／**アクトン卿＊**

一部の人を常にだますことはできる。
すべての人をしばらくだますこともできる。
だが、
すべての人を常にだますことはできない。

第十六代アメリカ大統領／**リンカーン**

＊アクトンは自由主義の研究につとめローマ教皇の無謬説を批判するなどヨーロッパ最高級の知性と評された。古代ギリシャから米国に至る自由史を著すという大構想を抱いたが、未完に終わる。

何人《なにびと》も、その良心に反して、武器をもってする戦争の役務を強制されてはならない。

ドイツ・**ボン憲法基本権***

戦争が始まったら、戦わされるのは素人《しろうと》です。

アメリカ映画『**海外特派員**』

暴君や殺人鬼があらわれて、無敵に見える時期もあるでしょう。しかし最終的には、彼らは敗れ去るのです。忘れないでくださいよ。いつでも必ずそうなのです。

英・インド合作映画『**ガンジー**』

すべての戦争は、自分が個人的には何の恨みもない赤の他人を殺すこと。

アメリカの小説家／**マーク・トウェイン**

兵役を指名された人の二％が戦争拒否を声明すれば、政府は無力となります。なぜなら、どの国もその二％の人々を収容する刑務所のスペースがないからです。

ドイツ出身の物理学者／**アインシュタイン**

＊ボン憲法は1949年に西ドイツで制定され、1990年の統一後もドイツ連邦共和国基本法の役割を担っている。今日では各国の憲法に、人間の自由と権利を保障するこのような宣言が入るのが通例だ。

国家は我々の召使いであるべきだが、我々は国家の奴隷であるべきではない。

ドイツ出身の物理学者／**アインシュタイン**

民主主義という鳥が、自由という卵を産むのよ。

アメリカ映画『**ゾロ**』

市民のつとめは声をあげ続けることだ。

ドイツの小説家／**ギュンター・グラス***

主人として誇りを持って行動せよ。行動はきみ自身のものである。

フランスの軍人、政治家／**ド・ゴール**

自分の国を愛せ。しかし、政府は信用するな。

アメリカのＳＦ作家／**ロバート・Ａ・ハインライン**

＊グラスはノーベル文学賞受賞者。ナチス武装親衛隊に属した過去を持つ一方、行動する作家として社会民主主義の立場から核兵器廃絶、東西ドイツ統一、米国のアフガン侵攻などに発言を続けた。

名言大誤解

健全なる精神は、健全なる肉体に宿る。

古代ローマの詩人／**ユウェナリス**

現実は必ずしもそうでないから……という嘆き

この言葉がもたらす劣等感や差別感でつらい思いをした人は少なくないだろう。「体が万全とまでは言えない自分は、魂までダメなのか」と疑わせてしまう不適切な言葉だ。

だがそれは、ユウェナリスの真意に対する残念な誤解である。

太宰治が「健全な肉体に健全な精神が宿るというけれど、あれには、健全な肉体に健全な精神が宿ったならば！ という願望と歎息の意味が含まれているのだそうだ」（要約）と指摘している通り、ユウェナリスは「人は、健全なる体に健全なる精神が与えられるように神に祈るべきだ」と切実に願っていたのだ。

なぜなら、当時のローマでは、肉体を鍛え上げた軍人が幅をきかせ、汚職から不倫まで無数の悪行を働いていたから。

そんな現実を見るにつけ、ユウェナリスは、「あんなに素晴らしい肉体を持っているのに、なぜ？ 健全な肉体には、健全な魂が宿るべきじゃないのか！」と憤慨していたのだ。

それなのに、いつしか「べきだ」を省略されてしまい、彼の嘆きはナチスをはじめとする軍国主義に便利に使われることになってしまうのである。

【注記】

●名言の仮名づかいや言葉づかいなどの表記は原文通りを心がけました。ただ、外国語や古文の名言で出典が複数ある場合は、翻訳や現代語訳が異なることがあり、編者ができるだけ原文を当たりつつ表記を判断しました。編者が独自に訳し直したり、旧仮名づかいを現代仮名づかいにした箇所もあり、多少のバラつきがあることをご承知ください。

●出身国と定住した国、最終国籍地が異なる人物は、原則として出身国を記しました。

●出典が複数ある場合、異なる人物が発信者として挙げられていることがあります。その場合は代表的な人物を示しました。

●名言の中には現代では不適切と感じられる表現があるかもしれませんが、時代的制約や発信者の意図を考慮し、特に変更を加えていないことをご了承ください。また、文中の敬称は略させていただきました。

【参考文献】

●主なものは左の通りです（タイトルの五十音順）。

『愛に始まり、愛に終わる　瀬戸内寂聴108の言葉』瀬戸内寂聴著　宝島社／『アインシュタイン150の言葉』ジェリー・メイヤー&ジョン・P・ホームズ編　ディスカヴァー21／『明日が変わる座右の言葉全書』話題の達人倶楽部編　青春出版社／『明日の自分が変わる人生の名言』池田書店編集部編　池田書店／『あなたに贈る希望の言葉』バーバラ・ミオ・オーバック著　大原敬子訳　PHP研究所／『アラブの格言』曾野綾子著　新潮社／『アラン幸福論』神谷幹夫訳　岩波書店／『いい言葉は、いい人生をつくる』（正編／ラストメッセージ）斎藤茂太著　成美堂出版／『いい言葉は、いい仕事をつくる』岬龍一郎著　PHP研究所／『怒りについて　他二篇』セネカ著　兼利琢也訳　岩波書店／『生きる力がわいてくる名言・座右の銘1500』インパクト編　永岡書店／『生きるヒントとしての哲学者94の言葉』植西聰著　成美堂出版／『一流たちの金言』（1、2）藤尾秀昭監修　致知出版社／『一瞬で心が前向きになる賢者の言葉』植松次郎著　PHP研究所／『一瞬で不安をしずめる名言の知恵』高田明和著　成美堂出版／『一般人名語録』永六輔著　講談社／『1分間コトラー』西村克己著　SBクリエイティブ／『1分間ジェフ・ベゾス』西村克己著　SBクリエイティブ／『1分間バフェット』桑原晃弥著　SBクリエイティブ／『1分間ピケティ』西村克己著　SBクリエイティブ／『1分間マイケル・ポーター』西村克己著　SBクリエイティブ／『イヤな思いがスーッと消えるブッダのひと言』高田明和著　KADOKAWA／『ウォーレン・バフェット　巨富を生み出す7つの法則』桑原晃弥著　朝日新聞出版／『お楽しみはこれからだ』（PART1、PART2、PART3、PART4、PART5、PART6、PART7）和田誠著　文藝春秋／『折々のことば』（連載二〇一五年四月一日〜二一年十一月十日）鷲田清一　朝日新聞／『革命家100の言葉』山口智司著　彩図社／『勝ちぐせをつける名言160』上之郷利昭著　三笠書房／『勝つ！　ひと言』山田ゆかり著　朝日新聞出版／『「壁」にぶつかった」ときに読むアスリートの言葉　あきらめない！』マガジンハウス編　マガジンハウス／『逆境に打ち勝ち世界を切り開く冒険家１００の言葉』丸山佑介　彩図社／『逆境を乗り越えるリーダーの言葉』ビジネス哲学研究会編著　角川書店／『ＧＩＦＴ　女を磨くコトバ』有川真由美著　三笠書房／『ギリシア悲劇名言集』ギリシア悲劇全集編集部編　岩波書店／『ギリシア・ローマ名言集』柳沼重剛編　岩波書店／『空海コレクションⅠ』宮坂宥勝監修　筑摩書房／『君主論』マキアヴェッリ著　河島英昭訳　岩波書店／『芸能名言辞典』諏訪春雄編著　東京書籍／『経営者１００の言葉』山口智司著　彩図社／『経済学の名言１００』佐和隆光著　ダイヤモンド社／『現代語訳　武士道』新渡戸稲造著　山本博文訳・解説　筑摩書房／『幸福論』（第一部）ヒルティ著　草間平作訳　岩波書店／『ココ・シャネル　女を磨く言葉』高野てるみ著　ＰＨＰ研究所／『心にのこる言葉１』小野寺健著　河出書房新社／『心を強くする名言』童門冬二監修　成美堂出版／『心を整え人生を豊かにする哲学者たちの言葉』哲学名言研究会著　笠倉出版社／『最後に勝つ負け方を知っておけ。』アントニオ猪木著　青春出版社／『サキャ格言集』サキャ・パンディタ著　今枝由郎訳　岩波書店／『３６６日映画の名言』品川亮選・文　三才ブックス／『３秒でハッピーになる超名言１００』ひすいこたろう著　ディスカヴァー・トゥエンティワン／『シェイクスピア全集』（「お気に召すまま」「じゃじゃ馬ならし」「シンベリン」「マクベス」）ウィリアム・シェイクスピア著　小田島雄志訳　白水社／『ジェフ・ベゾスの生声』ヘレナ・ハント編　片桐恵理子訳　文響社／『仕事観が変わる！　ビジネス名言５５０』西東社編集部編　西東社／『ジャック・ウェルチの「リアルライフＭＢＡ」』ジャック・ウェルチ、スージー・ウェルチ著　日経新聞出版社／『生涯投資家』村上世彰著　文藝春秋／『商人』永六輔著　岩波書店／『職人』永六輔著　岩波書店／『人生の指針が見つかる座右の銘１５００（新版）』別冊宝島編集部編　宝島社／『人生を変える！　マンガ名言１０００』Ｇ.Ｂ.編集　宝島社／『人生を奮い立たせるアウトロー１００の言葉』山口智司著　彩図社／『図解　運が開ける！　名経営者のすごい言葉』桑原晃弥著　ＰＨＰ研究所／『図解　世界の大富豪が実践している成功の哲学』桑原晃弥著　ＰＨＰ研究所／『成功のエッセンス』加藤純一編　ビジネス社／『聖書』新共同訳　日本聖書協会／『生の短さについて　他二篇』セネカ著　大西英文訳　岩波書店／『世界ことわざ大事典』谷川俊太郎・柴田武・矢川澄子編　大修館書店／『世界最高峰ビジネススクールの「人生を変える言葉」』佐藤智恵・早川書房編集部編　早川書房／『世界で１０００年生きている言葉』田中章義著　ＰＨＰ研究所／『世界名言集』岩波文庫編集部編　岩波書店／『世界の名言名句一〇〇一』ロバート・アープ責任編集　大野晶子ほか訳　三省堂／『世界の名将　決定的名言』松村劭監修　ＰＨＰ研究所／『セレブ１００の言葉』千場弓子編　ディスカヴァー・トゥエンティワン／『大往生』永六輔著　岩波書店／『大語録』永六輔著　講談社／『代表的日本人』内村鑑三著　鈴木範久訳　岩波書店／『たった１つの言葉が人生を大きく変える』マディ・グロース著　渡部昇一訳　日本文芸社／『田中角栄１００の言葉』別冊宝島編集部　宝島社／『「足りないのは勇気だ」迷った時に読みたいリーダーの名言』植西聰著　朝日新聞出版／『地球は青かった』平田寛編著　岩波書店／『超訳　動じない心をつくる禅の言葉』植西聰著　成美堂出版／『月に映すあなたの一日　ネイティブ・アメリカンの３６４のことわざが示す今日を生きる指針』北山耕平訳・編纂　マーブルトロン／『徒然草』西尾実・安良岡康作校注　岩波書店／『帝王学」がやさしく学べるノート』プレジデント書籍編集部編　プレジデント社／『天才投資家「お金と人生」の名語録』桑原晃弥著　ＰＨＰ研究所／『20世紀名言集』（【大経営者篇】【科学者／開発者篇】【スポーツマン篇】）造事務所編著　情報センター出版局／『日本人アスリート名語録』桑原晃弥著　ＰＨＰ研究所／『脳を活かすアインシュタインの言葉』茂木健一郎監修　ＰＨＰ研究所／『バルタザール・グラシアンの賢者の知恵』バルタザール・グラシアン著　齋藤慎子訳　ディスカヴァー・トゥエンティワン／『ビジネスの成功に役立つ名言名句』三省堂編修所編　三省堂／『ひとことの輝き　ビジネスリーダーの名言』日本経済新聞社編　日本経済新聞社／『不可能を可能にする！「ものづくり現場」の名語録』桑原晃弥著　ＰＨＰ研究所／『ブッダのことば』中村元訳　岩波書店／『ブッダの真理のことば・感興のことば』中村元訳　岩波書店／『碧巌録』入矢義高ほか訳注　岩波書店／『法句経』友松圓諦　講談社／『本当にピンチの時に読む　三大「幸福論」』斎藤孝著　コスミック出版／『マーフィー名言集　新装版』しまずこういち編著　産業能率大学出版部／『マキアベリ（世界の名著15）』池田廉訳　中央公論社／『マルクス・アウレーリウス　自省録』神谷美恵子訳　岩波書店／『マンガ「名ゼリフ」大全』G.B.編　宝島社／『ムーミン谷の名言集』トーベ・ヤンソン文・絵　ユッカ・パルッキネン編　渡部翠訳　講談社／『無門関』西村恵信訳注　岩波書店／『名棋士１００の言葉』椎名龍一編　宝島社／『名言の真実』出口汪監修　小学館／『名言の森』晴山陽一編著　東京堂出版／『「もうダメだ」が「大丈夫！」に変わる1秒セラピー』植西聰著　ＰＨＰ研究所／『モンゴル大草原１０１の教え』藤公之介編著　大塚知則撮影　一満舎／『やなせたかし明日をひらく言葉』ＰＨＰ研究所編　ＰＨＰ研究所／『勇気がもてる運命の言葉』植西聰著　成美堂出版／『ラ・ロシュフコー箴言集』二宮フサ訳　岩波書店／『ラッセル幸福論』安藤貞雄訳　岩波書店／『梁塵秘抄』佐佐木信綱校訂　岩波書店／『両手いっぱいの言葉』寺山修司著　新潮社

※右に記したほかにも、多くの書籍、新聞、雑誌、ウェブページを参考にさせていただきました。厚くお礼申しあげます。

●編者

秋月三郎（あきづき・さぶろう）

大分県生まれ。編集者、ライター。早稲田大学文学部卒業後、公務員、出版社勤務を経て独立。さまざまな書籍の企画、編集に携わり、『いい言葉は、いい人生をつくる』（斎藤茂太著、成美堂出版）、『スティーブ・ジョブズ名語録』（桑原晃弥著、PHP研究所）など、名言に関する数多くのベストセラーを生み出した。著書に『知らないと恥をかく間違いやすい漢字』（大和出版）がある。

●スタッフ

本文デザイン／松倉浩・鈴木友佳
編集協力／アールズ株式会社

人生に役立つ名言大全

編　者　秋月三郎《あきづきさぶろう》
発行者　深見公子
発行所　成美堂出版
〒162-8445　東京都新宿区新小川町1-7
電話(03)5206-8151　FAX(03)5206-8159
印　刷　広研印刷株式会社

ISBN978-4-415-33279-6
落丁·乱丁などの不良本はお取り替えします
定価はカバーに表示してあります